Grundrechtskatalog für Österreich?

Peter Goller
Gerhard Oberkofler

Grundrechtskatalog für Österreich?

Historisch-politische Anmerkungen zur österreichischen Grundrechtsreform

(1962-1965)

PETER LANG
Frankfurt am Main · Berlin · Bern · Bruxelles · New York · Oxford · Wien

Bibliografische Information Der Deutschen Bibliothek
Die Deutsche Bibliothek verzeichnet diese Publikation in der Deutschen Nationalbibliografie; detaillierte bibliografische Daten sind im Internet über <http://dnb.ddb.de> abrufbar.

Gedruckt mit Förderung des Bundesministeriums
für Bildung, Wissenschaft und Kultur in Wien.

ISBN 3-631-51868-4

www.peterlang.de

Gewidmet den Gründern der
Österreichischen Vereinigung Demokratischer Juristen (ÖVDJ),
gegründet 1970 u.a. von
Fritz Hanacik, Jakob Zanger, Heinrich Dürmayer, Eduard Rabofsky

und dem Gedenken der vom Faschismus ermordeten
sozialistischen und kommunistischen Juristen, wie

Isidor Ingwer (1866-1942)
Egon Schönhof (1880-1942)
Heinrich Steinitz (1879-1942)

Inhaltsverzeichnis

Vorwort

Im Frühjahr 2003 haben die beiden Verfasser in Zusammenarbeit mit den Professoren Hans R. Klecatsky (Innsbruck) und Wilhelm Brauneder (Wien) den Band:

„Österreichische Grundrechtsreform.
Die Protokolle des Expertenkollegiums für Probleme der Grund- und Freiheitsrechte
(1962-1965)"

(Frankfurt 2003, 363 Seiten mit Register der Wortmeldungen, Personenregister, Werkregister, Rechtsquellen- und Sachregister) herausgegeben. Im folgenden Text wird hierauf mit: „*Vgl. Protokolle, ...*" verwiesen.

Vorliegender Bericht versteht sich als historisch-politisches Nachwort zu diesen frühen Protokollen der Grundrechtsreformkommission Mitte der 1960er Jahre.

Eine materialistisch ideologiekritische, geschichtliche Einordnung der Reformdebatte der 1960er Jahre scheint auch im Licht neuer Verfassungs- und Grundrechtsdebatten auf österreichischer und europäischer Ebene notwendig. „Eine Verfassung für Europa?" – „Ein Verfassungskonvent für Österreich?" oder: „Soll Österreich die EU-Grundrechtscharta übernehmen?" bestimmen eine gelehrte Debatte.

Aus der Flut der Stellungnahmen sei verwiesen auf das dem Schwerpunkt „Verfassungsreform" gewidmete Heft des „Journal für Rechtspolitik" (Jg. 11/Heft 1 [2003]), auf ein Interview mit dem Verfassungsgerichtshofpräsidenten Karl Korinek in „Die Presse" vom 5. Mai 2003 oder auf zwei Stellungnahmen aus der Sicht der Kelsen-Schule, von Verwaltungsgerichtshofpräsident Clemens Jabloner „Nüchternheit und Verantwortung. Zum 30. Todestag des Schöpfers der Reinen Rechtslehre: Streiflichter auf die Aktualität Hans Kelsens" (in: Die Presse vom 22. April 2003) und von Heinz Mayer zum „Sinn der Verfassung. Aus gegebenem Anlass: Erinnerung an Hans Kelsen" (in: Der Standard vom 22. April 2003).

Der bürgerlich gelehrte Diskurs über eine neue EU-Verfassung bzw. über eine reformierte österreichische Verfassung samt Grundrechtskatalog kann an der Realität von kapitalistischer Sozialdemontage, Massenarbeitslosigkeit und Verarmung nichts ändern, soll diese möglicherweise aber verdecken. Im *Dokumentenanhang* sind deshalb die Beratungen des späteren „Redaktionskomitees für die Neuordnung der Grund- und Freiheitsrechte" vom 18./19. Oktober 1979 zum *„Recht auf Arbeit"* abgedruckt. Wie immer diese Beratungen eingeschätzt werden mögen – ob als juristisch hilflos oder nicht –, so sind sie doch in der Gegenwart wertvolle Erinnerung an eine schon fast verdrängte „soziale Jurisprudenz".

Bleibt noch eine Anmerkung: Von dritten Lesern des Manuskripts wurde eingewandt, die Verfasser würden mit ihrer Deutung die Intention des Grundrechte-Expertenkollegiums „ideologisch" verzerren. Das scheint nicht immer der Fall zu sein, wie die im Frühjahr 2003 erschienenen Autobiographien einiger Kollegiumsmitglieder bestätigen, die sich durchaus auch in eigener Sicht als „weltanschaulich" handelnd bekennen. (Vgl. Österreichische Rechtswissenschaft in Selbstdarstellungen, hrg. von Clemens Jabloner und Heinz Mayer, Wien-New York 2003, u.a. mit Autobiographien der Kollegiumsmitglieder Ludwig Adamovich [später dem Kollegium angehörend], Hans Floretta, Hans R. Klecatsky, Friedrich Lehne und Robert Walter.)

Peter Goller
Gerhard Oberkofler

1. Grundrechtsreform im Spiegel der Literatur

Die Geschichte der jüngeren österreichischen Grundrechtsdebatte[1] ist von historischer Seite aus nicht rechtswissenschaftlich zu kommentieren, weshalb ein Überblick über die wichtige Literatur zur Reformdiskussion seit Anfang der 1960er Jahre vorangestellt wird. Diese Literatur ermöglicht Einsicht in die im „Expertenkollegium für die Probleme der Grund- und Freiheitsrechte" besprochenen Angelegenheiten.

In den mit 23. September 1959 datierten Erläuterungen zur Regierungsvorlage für ein (nicht zustande gekommenes) Bundesverfassungsgesetz, „mit dem die erforderlichen Bestimmungen zur Er-

---

1 Auch von einer historischen Darstellung der österreichischen Grundrechtsdebatte kann abgesehen werden, da diese bereits vorliegt mit Wilhelm Brauneder: Die Gesetzgebungsgeschichte der österreichischen Grundrechte, in: 70 Jahre Republik. Grund- und Menschenrechte in Österreich, hrg. von Rudolf Machacek, Willibald P. Pahr und Gerhard Stadler, Kehl-Straßburg-Arlington 1991, 189-364. – Vgl. mit einem Ausblick auf „die gescheiterte Grundrechtsreform und das europäische Gemeinschaftsrecht" auch Walter Berka: Zur Geschichte der Menschenrechte in Österreich, in: Grund- und Menschenrechte. Historische Perspektiven – Aktuelle Problematiken, hrg. von Margarete Grandner, Wolfgang Schmale und Michael Weinzierl, Wien-München 2002, 160-179, sowie „zur österreichischen ‚Grundrechtsreform'" Walter Berka: Die Grundrechte. Grundfreiheiten und Menschenrechte in Österreich, Wien-New York 1999, 45f. – Jüngst auch der Überblick von Bernd-Christian Funk: Grundrechtsschutz und Verwirklichung grundrechtlicher Werte, in: Kritik und Fortschritt im Rechtsstaat. Neue Wege des Grundrechtsschutzes. Tagung der Österreichischen Juristenkommission vom 1. bis 3. Juni 2000 in Weißenbach am Attersee, Wien 2001, 25-36.

füllung der von Österreich durch die [1958 erfolgte] Ratifikation der Europäischen Konvention zum Schutze der Menschenrechte und Grundfreiheiten samt Zusatzprotokoll übernommenen Verpflichtungen getroffen werden", hieß es unter Berufung auf Hans Kelsen, dass es trotz der rechtstechnisch zersplitterten Grund- und Freiheitsrechte, die vom Jahr 1862 bis zum Staatsvertrag von Wien 1955 reichten, nur begrenzt bedauerlich ist, dass – im Zeichen der sozial-revolutionären Klassenkämpfe[2] – unmittelbar nach 1918 keine republikanische Grundrechtskodifikation zustande gekommen war. Zumal die aus der Monarchie stammende Regelung von 1867 „insbesondere hinsichtlich der Meinungs-, Glaubens- und Gewissensfreiheit" – so Hans Kelsen 1922 zitierend – „verhältnismäßig fortschrittlich war und sich die großen Parteien wegen ihres grundsätzlichen Weltanschauungsgegensatzes in bezug auf das Verhältnis Staat – Kirche – Schule über eine Neuregelung der Materie nicht einigen konnten".

Dieser sich auf Kelsen berufenden Position schloss sich die Bundesregierung – ohne „der Ansicht der gesetzgebenden Organe vorgreifen zu wollen" – im Herbst 1959 an, indem sie sich so gegen den „von beachtlicher Seite" aus Anlass des Beitritts zur Konvention „vorgetragenen Wunsch" nach Totalreform der Grund- und Freiheitsrechte äußerte: „Die Bundesregierung ist mit Kelsen der Ansicht, dass (...) unsere Zeit zur umfassenden gesetzgeberischen Neuregelung dieses Gebietes mit Rücksicht auf die Vielfalt der gerade in diesen Punkten bestehenden Meinungen kaum berufen wäre, da eine Beratung über eine Gesamtkodifikation der Grund- und Freiheitsrechte die Leidenschaften wohl allzu stark entfachen würde und damit die vom österreichischen Gesetzgeber mit dem Bei-

2 Vgl. Hans Hautmann: Geschichte der Rätebewegung in Österreich 1918-1924, Wien 1987 und Klaus Berchtold: Verfassungsgeschichte der Republik Österreich I. 1918-1933. Fünfzehn Jahre Verfassungskampf, Wien-New York 1998.

tritt zu der Konvention übernommene Verpflichtung, die innerstaatliche Rechtsordnung mit der Konvention in Übereinstimmung zu bringen, nur allzu lange in ihrer Erfüllung aufgeschoben würde." Die Bundesregierung ging davon aus, dass in einem „Aufstockungsgesetz" alle jene grundrechtlichen Bestimmungen der Konvention, die bisher in Österreich – wie etwa das Recht auf Achtung des Privat- und Familienlebens, das strafrechtliche Rückwirkungsverbot, das Verbot unmenschlicher oder erniedrigender Strafe und Behandlung, sowie das Folterverbot – nicht normiert waren, innerstaatlich im Verfassungsrang festgeschrieben werden sollten. Hiermit sei nicht nur dem grundrechtlichen Reformbedarf, sondern der Rechtssicherheit (Ausschalten schwieriger Derogationsfragen, Wahrung der Judikaturtradition des Verfassungsgerichtshofs) und den völkerrechtlichen Verpflichtungen Genüge geleistet.[3]

Felix Ermacora, ab 1964 Mitglied des Expertenkollegiums, schloss das Einleitungskapitel zu seinem „Handbuch der Grundfreiheiten und der Menschenrechte" noch 1963 mit einer Bemerkung, die keinen übertriebenen Grundrechtsreformbedarf erkennen ließ: „Die österreichischen Grundrechte können in einer freiheitlich demokratischen Grundordnung – trotz ihrer hundertjährigen Existenz – dazu beitragen, über die Wandlung von Staat und Gesellschaft hinweg ihre Aufgabe zu erfüllen." Reformen auf der Basis der gegebenen Grundrechtsnormen schienen Ermacora ausreichend. So begrüßte es Ermacora, dass als Grundrecht nur das gilt, was positiv normiert ist und damit alle anderen „Prinzipien" im Sinn von Georg Jellinek als „Nichtrecht" zu gelten haben. Trotzdem die staatsrechtspositivistische Schule im letzten Drittel des 19. Jahrhunderts – in Österreich verstärkt durch die Reine Rechtslehre Kel-

3 60 der Beilagen zu den stenographischen Protokollen des Nationalrats IX. Gesetzgebungsperiode. Zum Grundrechtsbestand in den1950er Jahren vgl. Ludwig Adamovich und Hans Spanner: Handbuch des österreichischen Verfassungsrechts, fünfte Auflage, Wien 1957, 428-472.

sens – die Grundrechte richtigerweise von ihrer „phraseologisch" pathetischen Diktion befreit habe, und obwohl es immer noch gute österreichische Verfassungs- und Grundrechtstradition sei – entgegen den Vorwürfen von „spekulativen Geistern" und „Ideologen" (wie René Marcic) – „Naturrecht nicht zu zitieren", forderte Ermacora aber eine Korrektur des am „liberalistischen Menschenbild" orientierten Grundrechtsverständnisses von 1867, das seinem „Ursprung nach – um mit Karl Marx zu sprechen – den Egoismus, die Freiheit des einzelnen vom Staat" garantierte. Die Neuinterpretation habe in Richtung auf ein von – Ermacora – „freiheitlich christlich" verstandenes und auf ein soziales Grundrechtsdenken zu erfolgen. Ermacora zitierte Julius Ofners „Studien sozialer Jurisprudenz" aus 1894, wonach die Demokratie grundsätzlich den Sozialstaat als Pendant verlangt! Ohne in Naturrechts-Untiefen zu versinken, schien Ermacora ein verstärkter Bezug auf die „Grundnorm von der Menschenwürde" – im Sinn von § 16 ABGB – geeignet, den existenten Grundrechtsbestand ohne größere Reform zukunftstauglich zu machen.[4]

Eine systematische Grundrechtsreform – bis hin zur Gesamtkodifikation, bis hin zur Totalreform – stand auf dem zweiten österreichischen Juristentag Mitte Juni 1964 zur Debatte. 1962 hatte sich schon ein interner Arbeitskreis um Edwin Loebenstein im Auftrag des Bundeskanzleramt-Verfassungsdienstes vorbereitend mit der Einsetzung einer Reformkommission befasst. (*Vgl. vorbereitende Protokolle 1962/1963, 21-37*)

Das von **Erwin Melichar** (1913-2000, 1956 Nachfolger von Hans Spanner auf der Grazer Lehrkanzel für Staats- und Verwaltungsrecht, 1963 nach Wien berufen, laut „Selbstdarstellung" stark

4 Felix Ermacora: Handbuch der Grundfreiheiten und der Menschenrechte. Ein Kommentar zu den österreichischen Grundrechtsbestimmungen, Wien 1963, 21, 29-32.

im katholischen Milieu verankert)[5] verfasste Gutachten zur „Entwicklung der Grundrechte in Österreich“ kann als begleitender Kommentar zu den 2003 edierten Protokollen des „Expertenkollegiums“ gelesen werden. Melichar sprach offen vom „Problem der Neukodifikation der Grundrechte“.[6]

Melichar spricht in seinem Gutachten die mit der zersplitterten grundrechtlichen Quellenlage verbundene Rechtsunsicherheit, die Normenkonkurrenz und Normenkollision an, die sich durch den großen geschichtlichen Zeitraum, ein sich über gut hundert Jahre seit 1862 erstreckendes Grundrechtsmaterial verschlimmern. Verschärft wurde die Unübersichtlichkeit von sich überschneidenden Grundrechtsbestimmungen durch völker- und staatsvertragliche Verpflichtungen, also durch die Internationalisierung der Grundrechtsquellen.

Die seit den Gesetzen „zum Schutze der persönlichen Freiheit“ und zum „Schutze des Hausrechts (1862), seit dem „Staatsgrundgesetz über die allgemeinen Rechte der Staatsbürger“ (1867), den Beschlüssen der Nationalversammlung 1918/19 (insbesondere die sog. „lex Ofner“ vom 30. Oktober 1918, StGBl. 3 über die Aufhebung der Zensur) gewachsenen, im Weg des Art. 149 B-VG 1920 rezipierten Normen, ferner die staats- und völkerrechtlichen Grundrechtsnormierungen im Staatsvertrag von St. Germain (1919), im Staatsvertrag von Wien (1955) und besonders in der Europäischen Menschenrechtskonvention (1958) „überschneiden sich in einzel-

---

5 Vgl. Erwin Melichar: Selbstdarstellung, in: Recht und Geschichte. Ein Beitrag zur österreichischen Gesellschafts- und Geistesgeschichte unserer Zeit. Zwanzig Historiker und Juristen berichten aus ihrem Leben, hrg. von Hermann Baltl, Nikolaus Grass und Hans Constantin Faußner, Sigmaringen 1990, 183-195.

6 Hier und im folgenden eng referiert nach Erwin Melichar: Die Entwicklung der Grundrechte in Österreich. Gutachten für den Zweiten Österreichischen Juristentag. (=Verhandlungen des Zweiten Österreichischen Juristentages 1964 I/2), Wien 1964.

nen Bestimmungen und modifizieren sich dadurch. Die Rechtslage ist damit sehr unübersichtlich geworden." Dieses von Melichar geschilderte Problem war einleitender Verhandlungsgegenstand in der 1. Tagung des Expertenkollegiums am 22. Jänner 1965. *(Vgl. Protokolle, 40-48.)* Melichar in knapper Formulierung: Es steht um die österreichische Grundrechtsordnung auch „vom Kodifikationsstandpunkt aus gesehen" nicht gut. Dem folgte der Großteil der Mitglieder des Expertenkollegiums im Jänner 1965 in einer internen Umfrage mit Abweichungen. (*Vgl. Tagungsumfrage – Protokolle, Umfrage, 47f.*)

Edwin Loebenstein resümierte ein Jahrzehnt später auf dem 5. Österreichischen Juristentag 1973: Die Mängel bei der „formellen Betrachtung des Grundrechtsnormenbestandes" sind zu offenkundig, um sie im Detail beschreiben zu müssen. Nach Loebenstein war es „wenig befriedigend", „was sich heute als Katalog der Grund- und Freiheitsrechte im positiven österreichischen Recht in Streu- und Gemengelage teils nationaler, teils internationaler Herkunft darbietet."[7]

Melichar hat ferner 1963/64 das im Kollegium ebenfalls eingehend erläuterte Problem von Umfang und Reichweite einer Neukodifikation angesprochen: Kodifikation oder Reform? Kodifikation und Reform? Ob mit einer auf eine rechtstechnische Bereinigung des bestehenden Normenmaterials beschränkten Reform das Auslangen gefunden werden kann, ob eine Neukodifikation nicht noch mehr Unklarheit schafft, indem sie etwa schwierige Derogationsfragen herbeiführt und damit die Rechtsunsicherheit erhöht, also das Problem, ob eine Grundrechtsreform bloß rechtsbereinigenden Charakter, rechtsändernden, verfassungsgesamtändernden Charakter haben soll – Fragen, die auch im Zuge einer zeitlich parallel er-

---

7 Edwin Loebenstein: Grundrechtsreform. Vortrag auf dem 5. Österreichischen Juristentag, in: Verhandlungen des 5. Österreichischen Juristentages in Wien 1973 II/6, Wien 1975, 22-47, hier 25.

örterten, gleichfalls im Anfangsstadium stagnierenden Verfassungsreformdiskussion auf der Tagesordnung standen.[8] (*Vgl. Fragenprogramm, 27, 37 und Umfrage in der 9. Tagung im Abschnitt „Ausblick", 324f.*)

Den Streit über den Status der Grundrechte, ob positiv verfassungsgesetzlich gewährleistete Rechte im Sinn des „Staatsgrundgesetzes über die allgemeinen Rechte der Staatsbürger" (=StGG) von 1867 oder ob präpositiv, eine vorstaatliche Freiheitssphäre garantierende Grundrechte im Sinn naturrechtlicher Auffassungen, etwa in der Linie der französischen Erklärung der Menschen- und Bürgerrechte von 1789 oder von § 16 ABGB mit seinen schon durch die Vernunft einleuchtenden Rechten der Person, deutete Melichar in Vorwegnahme von Kollegiumsdebatten im Zusammenhang mit einer Reform von Art. 144 B-VG an: „Die Verfassungsrechtsordnung Österreichs kennt den Ausdruck ‚Grundrecht' nicht. Das mag ein Schönheitsfehler sein, ist aber ohne juristische Bedeutung, weil sich daraus keine juristischen Konsequenzen ergeben. Die Europäische Konvention verwendet die Ausdrücke ‚Menschenrechte' und ‚Grundfreiheiten'; aber auch diesen Ausdrücken kommt nur Bedeu-

---

8 Vgl. zum analogen, seit 1955 vermehrt debattierten Problem „Kodifikation oder Reform?" im Bereich eines geplanten einheitlichen Arbeitsgesetzbuches Theo Mayer-Maly: Probleme der Kodifikation des Arbeitsrechts in Österreich (1961), jetzt in ders.: Ausgewählte Schriften zum Arbeitsrecht, Wien 1991, 129-155. – Zur Verfassungsreformdebatte parallel zur Grundrechtsreform vgl. mit Rückblick auf die 1961 schon geschichtlichen Bestrebungen von Ludwig Adamovich sen. u.a. Leopold Werner: Die Wiederverlautbarung der Bundesverfassung – ein verfassungsrechtliches und verfassungspolitisches Problem, in: Juristische Blätter 83 (1961), 521-527. – Historisch knapper Rückblick auf „die schon vor Jahrzehnten gescheiterte ‚Neukodifikation' des Bundesverfassungsrechts" bei Hans R. Klecatsky: Rezension von Robert Walter: Überlegungen zu einer Neukodifikation des österreichischen Bundesverfassungsrechts (Wien 1994, 2 Bände) und von R. Novak – B. Wieser: Zur Neukodifikation des österreichischen Bundesverfassungsrechts (Wien 1994), in: Juristische Blätter 117 (1995), 406f.

tung im Rahmen der Konvention zu. Das B-VG kennt im Art. 144 den Begriff des ‚verfassungsgesetzlich gewährleisteten Rechtes'."

Melichar – selbst nicht Mitglied des Expertenkollegiums – sah die österreichische Grundrechtsdebatte zwischen der von Juristen der restaurativen BRD propagierten Renaissance des Naturrechts[9] und der vor allem in Nachwirkung der Kelsen-Schule stehenden positivistischen österreichischen Grundrechtsinterpretation stehend, die sich nach 1945 nicht gravierend verändert habe, also in der zumindest unbewussten Tradition von Kelsens Diktum von den „so genannten Freiheitsrechten" stehend, wonach es „außerhalb der Rechtsordnung" kein „Freiheits"-Recht geben kann, das „einen rechtlich irgendwie qualifizierbaren Anspruch auf Freiheit vom Staat oder auf ein Unterlassen des Staates" bieten kann, es sei denn man sucht Zuflucht beim Naturrecht.[10] Dabei war auch Kelsens lapidarer Kommentar vom Jahr 1923 zum Gleichheitssatz des Artikel 2 StGG („Vor dem Gesetze sind alle Staatsbürger gleich.") als eines eigentlich rechtspolitischen Postulats des bürgerlichen Liberalismus in Erinnerung, der lautete: „Dieser Gemeinplatz des politischen Liberalismus ist vom verfassungsrechtlichen Standpunkt außerordentlich unklar."[11]

In diesem Zusammenhang wurde im Expertenkollegium wiederholt – wenn auch von den Kelsen nahe stehenden Juristen widersprochen – über den wertfrei-relativistischen Charakter der österreichischen Grundrechtskonzeption geklagt. (*Vgl. Protokolle, 298-319.*)

---

9 Vgl. Werner Maihofer (Hrg.): Naturrecht oder Rechtspositivismus?, Darmstadt 1962.

10 Hans Kelsen: Allgemeine Staatslehre, Berlin 1925, 154-156.

11 Hans Kelsen: Österreichisches Staatsrecht. Ein Grundriß entwicklungsgeschichtlich dargestellt, Tübingen 1923, 50. Vgl. Georg Schmitz: Die Vorentwürfe Hans Kelsens für die österreichische Bundesverfassung. (=Schriftenreihe des Hans Kelsen-Instituts 6), Wien 1981.

Gustav Kafka (1907-1974),[12] Hauptreferent zu Melichars Gutachten am Juristentag 1964 betonte von einer katholisch-naturrechtlichen Position aus, den Grundrechten drohe Gefahr vom ideologiekritischen Umgang der Kelsenschen „Reinen Rechtslehre“, die – so deutet Kafka an – die klassischen Grundrechte ihrer metaphysischen Würde entkleidet und die unumgängliche Frage nach der transzendent-ethischen Verankerung der Grundrechte eliminiert. Grundrechte waren für Kafka nur als Garantien einer (präpositiven) Freiheitssphäre des Individuums denkbar.

Kafka – obwohl nicht Mitglied des Expertenkollegiums – vertrat vorab eine maßgebliche Strömung innerhalb der Reformkommission: So wenn Kafka 1964 – eigentlich wider die eigene Geschichtserfahrung – vom Standpunkt der Rechtsstaats-Theorie beklagte, dass die Grundrechte in die Hörigkeit des Parlaments, in den Sog einer „jakobinischen Demokratie“ zu verfallen drohen, wobei Kafka – bezeichnend für die geschichtsferne, die katastrophalen Folgen des ersten (habsburgischen) Weltkriegs ignorierende Ausrichtung seines Grundrechtsdenkens – an Otto Habsburg dachte, den man soeben (1963) „durch eine Art Ostrakismós noch nachträglich seinem gesetzlichen Richter zu entziehen“ gesucht habe.

Wenn Kafka feststellt, dass der Grundrechtskatalog von 1867 auf die „Standes- und Klasseninteressen eines gebildeten und besitzenden Bürgertums zugeschnitten“ war, das den historisch gegen Verwaltungswillkür gerichteten „Gesetzesvorbehalt“ noch nicht als Gefahr für die eigenen elitären Klasseninteressen im künftigen von der Arbeiterklasse mitbestimmten „massendemokratischen Zeital-

---

12 Über Kafkas rassistische und politische Verfolgung durch das NS-Regime nach 1933, über seine Tätigkeit im katholischen Vereins- und Verlagswesen („Styria-Verlag“) nach 1945, seine Professur für Staatsrecht an der Welthandelshochschule Wien (ab 1961) und an der Universität Graz ab 1964 vgl. Norbert Leser: Gustav E. Kafka, in: ders.: Grenzgänger I, Wien-Köln-Graz 1981, 33-53.

ter“ erkennen konnte, malt er das Szenarium der demokratischen Parlamentswillkür an die Wand, einen (Verfassungs-) Gesetzgeber, der sich jeder (rechtsstaatlichen) Grundrechtsbindung entzieht: Die Grundrechte – 1867 konzipiert mit dem Mittel der Gesetzesvorbehalte gegen die Übermacht einer selbstherrlichen staatlichen Verwaltung – seien mit dem Übergang zur „repräsentativen Demokratie“ nach 1918 der Gefahr ausgesetzt, „dem Übermut der parlamentarischen Mehrheit“ zu verfallen, so Kafkas düsteres Juristengemälde, das so schon von den bürgerlich-konservativen Juristen der 1920er Jahre gegen den Parlamentarismus der Weimarer Reichsverfassung vorgetragen worden war: „Was 1867 als Begrenzung der Willkür der Obrigkeit gedacht war, der ausdrückliche oder immanente Gesetzesvorbehalt, wird jedenfalls seit 1920 zur undichten Stelle im Deich; die Theorie der Grundrechte als eine ‚Selbstbeschränkung’ an sich unbegrenzter Gewalt wird zur Verfassungswirklichkeit.“ Auch Kafkas Polemik gegen die Organisationen der Arbeitnehmer, seine Auslegung von Art. 12 StGG erinnert an nicht seltene Meinungsäußerungen im Expertengremium: So wenn Kafka in den Gewerkschaften vor allem Zwangsverbände, „neue Untertänigkeits- und Hörigkeitsverbände“, die Gefahr eines „Gewerkschaftsstaates“ sieht. Die Kampfmittel der Arbeiterschaft interpretiert Kafka – mit dieser Positionierung gleichfalls viele politische Einschätzungen der Reformdiskussion vorwegnehmend – als Aufleben des „Fehderechts“: Weniger die „Koalitionsfreiheit“, mehr die „negative Koalitionsfreiheit“ gilt Kafka – unter Berufung auf Ermacoras „Handbuch“ – als schützenswertes Rechtsgut.[13]

Neben dem im Expertenkollegium eingehend debattierten Funktionswandel der Gesetzesvorbehalte von 1867 im Übergang von der konstitutionellen Monarchie zur repräsentativ demokratischen Ver-

13 Vgl. Gustav Kafka: Referat zur „Entwicklung der Grundrechte in Österreich“ (1964), in: Verhandlungen des Zweiten Österreichischen Juristentages II/2/1,Wien 1964, 7-25.

fassung der Republik von 1920 mit ihrem in Art. 18 B-VG normierten Legalitätsprinzip – also den Wandel des Gesetzesvorbehalts vom einstigen Grundrechtsschutz zur Eingriffsermächtigung an den einfachen Gesetzgeber (*Vgl. Protokolle, 48-53.*) – behandelte Erwin Melichar auch die ab 1965 in gesonderten Tagesordnungspunkten fixierten Probleme der Einrichtungsgarantien – der Institutsgarantien und der institutionellen Garantien (*Vgl. Protokolle, 132-145.*) – sowie die über die bundesdeutsche Debatte auch in Österreich aktuell gewordene Drittwirkung. (*Vgl. Protokolle, 214-236.*)

Im Hinblick auf die Anwendbarkeit von Grundrechtsnormen im Privatrecht referierte Melichar die in der österreichischen Lehre herrschende Skepsis, die von Franz Gschnitzer im Expertenkollegium besonders scharf vorgetragen werden sollte: Gschnitzer galt die Drittwirkungstheorie als Gefährdung der Privatautonomie, die im Privatrecht enthaltenen Generalklauseln – des § 879 ABGB („gute Sitten" etc.) – böten hinreichenden Grundrechtsschutz.

Melichar nimmt mit Blick auf die deutsche Drittwirkungsdebatte zwischen Hans Carl Nipperdey und Günter Dürig die vom Expertenkollegium dann in der dominierenden Mehrheit vertretene Auffassung – Dürigs Position von der mittelbaren Drittwirkung der Grundrechte folgend – vorweg. Melichar schloss sich der Position von Felix Ermacora an, die dieser in seinem „Handbuch der Grundfreiheiten" 1963 vertreten hatte und dann in deutlicher Abweichung von Gschnitzer im Frühjahr 1965 auch im Expertenkollegium vorbrachte: Es sei sinnvoll, die Drittwirkung subsidiär dort zum Tragen kommen zu lassen, wo seitens zivil- oder strafrechtlicher Normen der nötige Grundrechtsschutz nicht gewährleistet ist. Melichar empfahl, „dass eine gesetzgeberische Lösung des Problems der Drittwirkung der Grundrechte, etwa in der Art, dass bei einer Neufassung des österreichischen Grundrechtskataloges ausdrücklich ausgesprochen wird, dass die Grundrechte auch im Bereich des Privatrechts unmittelbar anzuwenden sind oder nicht unmittelbar geltendes Recht darstellen, nicht zu empfehlen ist. Ein solcher allgemeiner Satz würde der besonderen Problematik der privatrechtlichen Fallgerechtigkeit nicht entsprechen."

Im Rückblick konnte Edwin Loebenstein 1991 auf das Datenschutzgesetz von 1978 als Beispiel positiv normierter Drittwirkung verweisen, die Skepsis des Expertenkollegiums gegen die Festlegung einer generellen, direkten Drittwirkung hielt Loebenstein für klug. Privatrechtliche Normen könnten für den Schutz von Grundrechten, den Schutz der Persönlichkeit ungleich besser eingesetzt werden.[14]

Eingehend besprach Melichar den Themenkreis der sozialen Grundrechte, deren Abklärung an den im Expertenkollegium vorhandenen politischen Widersprüchen, unterschiedlichen Gruppen- und Klasseninteressen scheiterte (*Vgl. vor allem Protokolle, 98-110, 114-132.*): Sollten die sozialen Grundrechte – etwa nach dem Vorbild der Weimarer Reichsverfassung oder nach dem des Verfassungsentwurfs der österreichischen Sozialdemokratie von 1919/20, der sich wegen des zunehmend bürgerlich dominierten „Klassengleichgewichts" nach dem Niedergang der von Jänner 1918 bis zum Sommer 1919 einflussreichen sozialrevolutionären Kräfte, also nach dem Ende der bayerischen und ungarischen Räterepublik, dem Ende der west- und mitteleuropäischen revolutionären Konjunktur generell erledigte, konzipiert werden? 1920 war das Bürgertum wieder stark genug, um in Österreich selbst einen scheinbaren Klassenkompromiss auf Grundrechtsebene zu verhindern.[15]

---

14 Vgl. zur Drittwirkung Edwin Loebenstein: Die Behandlung des österreichischen Grundrechtskataloges durch das Expertenkollegium zur Neuordnung der Grund- und Freiheitsrechte, in: 70 Jahre Republik. Grund- und Menschenrechte in Österreich, hrg. von Rudolf Machacek, Willibald P. Pahr und Gerhard Stadler, Kehl-Straßburg-Arlington 1991, 365-457, hier 419-424.

15 Sozialdemokratischer Verfassungs-Entwurf 1919/20 VII. Abschnitt, Art. 117-155 – 904 der Beilagen zu den Stenographischen Protokollen der kon-

Sollte die Gestaltung eines künftigen sozialen Grundrechtskataloges im Rahmen der seit 1961 anstehenden Ratifikation der Europäischen Sozialcharta – dann 1969 nur auf einfachgesetzlicher Ebene und unter Gesetzesvorbehalt angenommen (BGBl. 460/1969) – erfolgen, wenn ja in welchem Umfang? Der 1966 hinzugekommene UN-Pakt über wirtschaftliche, soziale und kulturelle Rechte wurde erst 1978 vom Nationalrat einfachgesetzlich unter Erfüllungsvorbehalt (BGBl. 590/1978) genehmigt.

Melichar schlug vor, die Diskussion über soziale (Grund-) Rechte an der Sozialcharta – trotz deren ungeklärt innerstaatlichem Anwendungsrang nach einer noch ausstehenden Ratifikation – zu orientieren. Folgende Rechte der Charta könnten in einen staatlichen Grundrechtskatalog inkorporiert werden: „Recht auf Arbeit (Art. 1 [ESC 1961]), gerechte Arbeitsbedingungen (Art. 2), sichere und gesunde Arbeitsbedingungen (Art. 3), gerechtes Arbeitsentgelt (Art. 4), Vereinigungsrecht (Art. 5), Kollektivverhandlungen (Art. 6), Schutz der Kinder und Jugendlichen (Art. 7), Schutz der weiblichen Arbeitnehmer (Art. 8), Berufsberatung (Art. 9), berufliche Ausbildung (Art. 10), Schutz der Gesundheit (Art. 11), soziale Sicherheit (Art. 12), soziale und ärztliche Hilfe (Art. 13), sozialer Dienst (Art. 14), Recht der körperlich und geistig Behinderten auf Berufsausbildung, Rehabilitation und gesellschaftliche Wiedereingliederung (Art. 15), Mutterschutz (Art. 17), Recht der Wanderarbeiter und ihrer Familien auf Schutz und Beistand (Art. 19).“

Melichar stellte vorab die in mehreren Tagungen des Grundrechtskollegiums behandelten Fragen: Sollen soziale Rechte überhaupt im Verfassungsrang gewährleistet werden oder soll dies

---

stituierenden Nationalversammlung der Republik Österreich 1920, zitiert in Felix Ermacora: Handbuch der Grundfreiheiten (wie Anm. 4), 12-17. Zum Stand der sozialrevolutionären Kräfteverhältnisse 1917-1920 vgl. Otto Bauer: Die österreichische Revolution (1923), in: ders.: Werkausgabe 2, Wien 1976, 489-865.

– wie in Österreich 1964 geltende Rechtslage – einfachgesetzlich geregelt bleiben? Ist eine Regelung der sozialen Rechte über den Kompetenzartikel 10 des B-VG („Sozialversicherungswesen"), über Einrichtungsgarantien oder im Umweg über den Gleichheitssatz hinreichend? Letzterer Versuch „wird freilich nicht leicht zum Erfolg führen, weil der VerfGH die Rechtsauffassung vertritt, dass der Gleichheitssatz es zwar dem Gesetzgeber verwehrt, unsachliche Differenzierungen vorzunehmen, dass er aber nicht die Bedeutung hat, dass der Gesetzgeber zu einem positiven Tun verpflichtet werden könnte".

Die schwankenden Positionierungen im Expertenkollegium werden bereits bei Melichar sichtbar, der 1964 – wie die spätere Rechtsliteratur fast allgemein – Skepsis gegen soziale Grundrechte als „unmittelbar bestimmte subjektive Rechte", da nicht auf Verfassungsebene „konkretisierbar", äußert, der aber andererseits meint, die sozialen Grundrechte sollen „nicht bloße programmatische Erklärungen", nicht unverbindliche Deklarationen und Staatszielbestimmungen (z.B. Vollbeschäftigung) bleiben, sondern zumindest „klar ersichtlich" als „Richtlinien für den Gesetzgeber" inartikuliert werden.

Diese Aufträge an den Gesetzgeber – etwa im Rahmen einer in der Verfassung verankerten „Sozialstaatsklausel" – litten aber am fehlenden Rechtsschutz gegenüber einem „untätigen Gesetzgeber". Sozialstaatsbestimmungen würden zum „sanktionslosen" Verfassungsrecht. Der sich anbietende Ausweg, das Verfassungsgericht als „suppletorischen Gesetzgeber" gegen den säumigen Ausführungsgesetzgeber zu installieren, wurde aber – wie Loebenstein 1991 ausführt – mit Blick auf Gewaltenteilung und auf drohende richterstaatliche Tendenzen nicht näher geprüft: „Den Richter, etwa das Verfassungsgericht, suppletorisch als positiven Gesetzgeber einspringen zu lassen, ist vom Expertenkollegium ebensowenig erwogen worden, wie etwa die von Verfassungs wegen eintretende Auflösung der Gesetzgebungsperiode des säumigen Organs als

Sanktion der Nichtbefolgung eines verurteilenden Feststellungserkenntnisses des VfGH."

Der im Kollegium debattierte rechtsdogmatische „Systembruch", den soziale Grundrechte gegenüber den bürgerlich-liberalen Grundrechten angeblich darstellten, die Annahme, dass soziale Grundrechte in Verbindung mit den liberalen Grundrechten zu ineffizient unverbindlichen Grundrechtskatalogen führen, war auf dem 2. Österreichischen Juristentag schon viel diskutiert. Wiederholt wurde im Kollegium auf den Schweizer Verfassungsjuristen Hans Huber verwiesen, der das kombinierte Auftreten von sozialen und liberalen Grundrechten ablehnte. Aus der Reihe der Expertenkollegiumsmitglieder äußerte sich 1966 Alfred Kobzina in den „Juristischen Blättern" in ähnliche Richtung. Hans Hubers These, soziale Grundrechte seien apriori der Verfassungsgerichtsbarkeit unzugänglich, stieß auf Resonanz im Expertenkollegium. Edwin Loebenstein formulierte dies 1991 im Rückblick so – zweifelnd, dass die sozialen Grundrechte gesetzestechnisch wie die bürgerlich-liberalen bewältigt werden können: „In den Debatten des Expertenkollegiums spielte vornehmlich die Frage eine Rolle, ob soziale Grundrechte auf Verfassungsstufe gleichwertig den Freiheitsrechten klassischer Art ihren Platz haben sollen."

In einer Zusammenfassung hat **Peter Pernthaler** 1969 jene Diskurspunkte zu den sozialen Grundrechten dargelegt, die in den Protokollen des Expertenkollegiums in ausführlicher Kontroversialität nachzulesen sind: Bei den sozialen Grundrechten „ergeben sich folgende mögliche rechtliche Gestaltungen: (1) Unverbindliche Deklarationen entsprechender Grundsätze. (2) Allgemeine Programmsätze, welche justiziabel sind und insbesonders als Auslegungsmaximen für andere Grundrechte und die gesamte Rechtsordnung überhaupt in Betracht kommen (Beispiel: Formel ‚Sozialer Rechtsstaat' im GG). (3) Besondere Programmsätze, die wiederum a) entweder unmittelbar anwendbar sind (z.B. Konservierung des geltenden Rechts; zeitliche Begrenzung für eine vom Gesetzgeber durchzuführende Änderung, so z.B. Art. 117 Abs. 1 GG) oder b) zu ihrer Wirksamkeit gesetzgeberischer Durchführung bedürfen. (4) Allgemeine subjektive Rechte (z.B. auf menschenwürdige Existenz o.ä.), die entweder unmittelbar anwendbar sind oder ‚nach Maßgabe der Gesetze' gewährleistet werden. (5) Besondere subjektive öffentliche Rechte (z.B. Anspruch auf Sozialversicherung), die entweder unmittelbar anwendbar sind oder der gesetzlichen Durchführung bedürfen."[16]

Edwin Loebenstein brachte die ausweichende Haltung des Expertenkollegiums zu den sozialen Grundrechten 1991 in Worten des alt gedienten österreichischen Wissenschaftlers und Beamten, der den gesellschaftlichen Widerspruch, die sozialen Kämpfe aus Prinzip übergeht, auf den Punkt: „Das Expertenkollegium hat jedenfalls sehr vorsichtig taktiert und war sich der Tatsache bewusst, dass auch als subjektive Rechte konstruierte Ansprüche der Ausführung durch den einfachen Gesetzgeber bedürfen und die aufgezeigten Probleme mit der Säumigkeit des Ausführungsgesetzgebers verbunden sind. Auch die Justitiabilität sozialer Grundrechte steht im Raum."[17]

Neben der These vom Spannungsverhältnis sozialer Grundrechte zu den „klassischen" Grund- und Freiheitsrechten stand vor allem die (Un-) Vereinbarkeit von Sozialstaats- und Rechtsstaatsprinzip im Mittelpunkt der Beratungen. Der Grundtenor im Expertenkollegium lautete im Anschluss an den BRD-Führungsjuristen und vormaligen Theoretiker des „totalen Staats" (1933) Ernst Forsthoff: Rechtstaat vor Sozialstaat! Die gelehrte juristische Abwertung des Sozialstaatsprinzips selbst des Bonner Grundgesetzes (Art. 20 und 28 GG), die der seinerzeitigen Abwertung der Weimarer sozialen

16 Peter Pernthaler: Die Grundrechtsreform in Österreich, in: Archiv des öffentlichen Rechts 94 (1969), 31-84, hier 67.

17 Zu sozialen Grundrechten in einer Neukodifikation der Verfassung vgl. zusammenfassend Loebenstein 1991 (wie Anm. 14), 424-429.

Grundrechtsbestimmungen (durch Carl Schmitt u.a.) als unverbindlicher „Leerformeln" folgte, war auch in der Rechtsstaat wider Sozialstaat-Debatte im österreichischen Expertenkollegium sichtbar.

Protagonist des Bemühens, „den sozialstaatlichen Imperativ des Grundgesetzes (=GG) wieder zu bloß programmatischem Beiwerk" herabzustufen, war **Ernst Forsthoff** „mit der These, dass sich der Rechtsstaat (für den status-quo) und Sozialstaat (für Veränderungen) derart unversöhnlich gegenüber stünden, dass eine Lösung nur durch Aberkennung der Rechtsqualität des Sozialstaatsprinzips möglich sei". Die Grundrechte galten auch einem Großteil der österreichischen Reformer als außerrechtlich determiniert, von der „wirtschaftlichen Situation" abhängig.[18] Forsthoff hatte 1953/54 den „Sozialstaat" als eine unjuristischen Kategorie so diskriminiert: „Sozialer Rechtsstaat (...) ist kein Rechtsbegriff."

Mit Rekurs auf Ernst Forsthoff formulierte etwa Loebenstein seine Bedenken gegen soziale Grundrechte 1973 auf dem 5. Österreichischen Juristentag: „Der Verfassungsgesetzgeber kann nie und nimmer eine perfekte Sozialgesetzgebung so weit präzise regeln, dass daraus unmittelbar verfolgbare Rechte des Einzelnen ohne Dazwischentreten des einfachen Gesetzgebers ableitbar sind. Denn sonst müsste – um mit Forsthoff zu sprechen – eine solche Vorgangsweise die Verfassung denaturieren und die Verfassung zum ‚Sozialgesetz' machen."[19]

Wieder bezogen auf Forsthoff stellte Loebenstein 1983 – mittlerweile neigte sich schon die Arbeit eines Grundrechte-„Redaktionsteams", seit 1974 in Nachfolge des „Expertenkollegiums" eingerichtet, ohne Aussicht auf legistische Umsetzung der Ergebnisse dem Ende zu – rechtsmetaphysische Überlegungen über

18 Vgl. Michael Kittner: Sozialstaatsprinzip, in: Kommentar zum Grundgesetz für die Bundesrepublik Deutschland. (=Reihe Alternativkommentare) 2 Bände, Neuwied-Darmstadt 1984, 1338-1410, hier 1352.

19 Loebenstein 1973 (wie Anm. 7), 36.

den sog. Widerspruch von justitia commutativa und justitia distributiva an, also über den so genannten Widerspruch von liberalem und sozialem Gleichheitsideal: „Der Grundsatz der Rechtsgleichheit, der immer wieder für die Verankerung sozialer Grundrechte auf Verfassungsebene ins Spiel gebracht wird, mit seinen Funktionen der ausgleichenden Gerechtigkeit, der justitia commutativa (liberales Gleichheitsprinzip), und der Sozialgestaltung des Rechts als austeilendes Recht (justitia distributiva) wird aber mitunter dafür ins Treffen geführt, es sei unmöglich, soziale Grundrechte zu normieren. So vermeinen etwa Gygi und Forsthoff, dass das Recht der justitia distributiva wegen seiner starken Individualisierungsbedürftigkeit und wegen der generalisierenden Unterscheidungsunzugänglichkeit überhaupt nicht normierbar sei."[20]

Forsthoffs 1953 auf der Bonner Tagung der „Vereinigung deutscher Staatsrechtslehrer" formulierte „Vorhof-These" – verdeutlicht am Beispiel der sozialen Grundrechte der Weimarer Reichsverfassung – wurde von zahlreichen Mitgliedern des Expertenkollegiums als gültige Mahnung für die geplante österreichische Grundrechtsreform der 1960er Jahre akzeptiert, so wenn Forsthoff betont hatte: „Die Weimarer Reichsverfassung machte auf ihre Weise mit dem sozialen Rechtsstaat ernst, indem sie in ihre Grundrechte zahlreiche soziale Verbürgungen aufnahm. Die Schwierigkeiten, die gerade diese Verfassungsartikel der Auslegung bereiteten, sind bekannt. Die sozialen Normierungen mussten zum überwiegenden Teil als bloße Programmsätze sozusagen in den Vorhof des geltenden Verfassungsrechts verwiesen werden."

Wenn Forsthoff unter historisch weit zurückgreifender Berufung auf Lorenz Stein die Sozialstaatlichkeit aus der Verfassung auf die Ebene des Verwaltungsrechts verschoben sehen wollte, fand er teils

20 Vgl. Edwin Loebenstein: Soziale Grundrechte und die Frage ihrer Justitiabilität, in: Arbeitsrecht und soziale Grundrechte. Festschrift Hans Floretta, hrg. von Oswin Martinek, Wien 1983, 209-235.

ungenannt, teils in wörtlicher Zitierung Zustimmung bei Vertretern des Expertenkollegiums, wie auch zu seiner These von der absoluten Priorität des Rechtsstaats, der normativ realisiert sei, während die Sozialstaatlichkeit nur Versprechen und fernes Zukunftsprogramm sei: „Der Rechtsstaat ist nach der Ordnung des Grundgesetzes der primäre und mit allen Rechtsgarantien ausgestattete Wert. Eine Verbindung von Rechtsstaat und Sozialstaat unter Kürzung der rechtsstaatlichen Verfassungselemente ist durch das Grundgesetz ausgeschlossen."

Forsthoffs gelehrte Zweifel, ob Rechts- und Sozialstaat auf Verfassungsebene verschmelzbar sind, fielen im Sinne folgender Äußerung auf fruchtbaren Boden bei Österreichs maßgeblichen Grundrechtsreformern: „Will man diese Frage beantworten, so wird man sich bewusst halten müssen, dass – banal gesprochen – ein halber Rechtstaat und halber Sozialstaat keinen sozialen Rechtsstaat ergeben."

Heinrich Triepels – 1931 auf der Staatsrechtslehrertagung in Halle vorgetragene, von der nazistischen Machtergreifung umgehend widerlegte – Apologetik des Rechtstaats gegen adjektivische Verkleinerungen als „sozialer", „liberaler" Rechtsstaat, die Stationen von dessen Untergang seien, Triepels Rede vom „Ewigkeitswert" des Rechtsstaats an sich wurde im Grundrechtskollegium ohnedies unabhängig von Forsthoff zitiert, so wie die Position des Schweizer Staatsrechtlers Werner Kägi, wonach der Sozialstaatlichkeitsgedanke die Normativität der Verfassung gefährdet, was Forsthoff von der „permanenten Opferung des Normativen an die Dynamik wechselnder politischer Lagen" sprechen ließ.

Forsthoffs Andeutungen vom Sozialstaat als dem Staat, der das „allgemeine" Gesetz auf das Niveau des „Maßnahmengesetzes" zu drücken droht, war so präsent, wie dessen Lob auf den „formalisierten" Rechtsstaat mit durchgebildeter Gewaltentrennung, mit Legalitätsprinzip, Gesetzesbegriff, unabhängiger Gerichtsbarkeit oder mit dem einfachen Gesetz als notwendigem Mittler zwischen Verfassung und Vollziehung: „Die rechtstaatliche Verfassung ist durch einen hohen Grad der Formalisierung gekennzeichnet."

Gleiches gilt für Forsthoffs Auffassung, dass die Logik der rechtsstaatlichen Gewährleistung die Ausgrenzung im Sinn der bürgerlich-liberalen Grundrechte ist, dass die rechtsstaatlichen Verbürgungen auf Ausgrenzung beruhen, während die sozialen Grundrechte auf „Teilhabe" beruhen, wobei nur das „Teilhabe"-Recht auf den gesetzlichen Richter Gnade vor Forsthoff und seiner Schule findet: „Sozialrechtliche Gewährleistungen gehen in erster Linie nicht auf Ausgrenzung, sondern auf positive Leistung, nicht auf Freiheit, sondern auf Teilhabe. (...) Der Rechtsstaat und der Sozialstaat sind deshalb ihrer Intention nach durchaus verschieden, um nicht zu sagen Gegensätze (...) Der Rechtstaat steht und fällt mit dem Vorrang des Gesetzes, im Sinne der abstrakten, generellen Norm." Forsthoffs entsprechende Leitthese über den Status der Teilhaberechte wurde im Expertenkollegium wörtlich vorgetragen: „Auf Teilhabe gerichtete Verbürgungen sind der rechtsstaatlichen Verfassung nur zugänglich, wenn das verbürgte Teilhaberecht absolut, d.h. keiner Graduierung oder Differenzierung zugänglich ist, und der Rechtsbereich, innerhalb dessen das Teilhaberecht auftritt, in hohem Maße durchnormiert ist. Soziale Teilhaberechte (‚wie das Recht auf Arbeit, Fürsorge, auf Erziehung, Ausbildung und Unterricht, auf Schutz der Familie, der Mutterschaft und der Jugend' – Einfügung – Anm.) bedürfen der Abstufung, da sie nur im Rahmen des jeweils Angemessenen sinnvoll sind. Deshalb sind sie der Verbürgung durch eine notwendig lapidare, die spezielle gesetzliche Regelung nicht ersetzende Verfassungsnorm nicht fähig. Eine solche Norm wäre jedenfalls keine rechtstaatliche Verfassungsnorm. Sie wäre eine Blankettnorm, die nicht in den rechtsstaatlichen Formen vollzogen werden könnte."

Immer wieder wurde im Kollegium, aber auch in den Publikationen von Kollegiumsmitgliedern bei aller Beschwörung des Sozialstaatsprinzips – wie es in Art. 20 und 28 GG festgeschrieben war –

Forsthoffs Diktum von: „Eine Verfassung kann nicht Sozialgesetz sein.“ wider gegeben.

Forsthoffs abschließende Leitsätze als Berichterstatter auf der Tagung der Bonner Tagung der deutschen Staatsrechtslehrervereinigung 1953 waren informell auch Leitsätze des Expertenkollegiums, so auch Forsthoffs begrenzte Anerkennung des Sozialstaats unter Betonung der Hegemonie des bürgerlichen Rechtsstaats: „Rechtsstaat und Sozialstaat sind einander zugeordnet in einem Verhältnis der Ergänzung, dem das Moment der Spannung nicht fehlt. Das ist auch gut so. Wird der Rechtsstaat als Schutzburg der beati possidentes missbraucht, so verfehlt er seinen sozialen Auftrag und bringt sich damit in Gefahr. Radikale Sozialstaatlichkeit endet zwangsläufig bei einem Verwaltungsstaat, der nicht mehr Rechtsstaat sein kann.“

Vor allem Forsthoffs Einschätzung, dass das Sozialstaatsprinzip nur als limitierte Leistungsgarantie („Sozialbindung“ der glücklich Besitzenden), nie aber als Kriterium der Umverteilung, der Veränderung der bestehenden Produktionsverhältnisse im Wege von Sozialisierungen (vgl. dazu Art.15 GG) oder umfangreicher betriebsdemokratischer Mitbestimmungsrechte „polemisch“ verstanden werden darf, stieß auf Akzeptanz im Expertenkollegium: Der Begriff „sozial“ wurde nämlich von Forsthoff sinngemäß nur akzeptiert, wenn er auf „im Recht verwirklichte soziale Institute und Normen“ unter Wahrung des gesellschaftlichen status quo orientiert war und nicht „polemisch gegen das bestehende System der Güterverteilung“: „Sozial als polemischer Begriff lässt sich mit dem Rechtsstaat nicht sinnvoll verbinden, (...).“[21]

Die Begleitstimmung, die von der österreichischen rechtswissenschaftlichen Literatur ausging, war der Inartikulierung sozialer

21 Vgl. Ernst Forsthoff: Begriff und Wesen des sozialen Rechtsstaates (1954), in: Rechtsstaatlichkeit und Sozialstaatlichkeit. Aufsätze und Essays, hrg. von Ernst Forsthoff, Darmstadt 1968, 164-200.

Grundrechte schon zu Beginn der Grundrechtsreformarbeiten 1965 nicht günstig. Der soeben aus Köln nach Innsbruck berufene, bei Hans Carl Nipperdey habilitierte Arbeitsrechtler **Gerhard Schnorr** (Jg. 1923) warnte vor den „Gefahren" einer „zu eilfertigen Verrechtlichung des Attributes „sozial" als einer „ideologischen" Bedrängnis, vor einer Belastung der Grundrechtsreform mit „Imponderabilien" – aufgenommen auf Grund der „Lautstärke – der pressure groups": „Jedenfalls wäre die Befürchtung nicht abwegig, dass der Rechtsordnung durch eine zu intensive sozialpolitische Inhaltsbestimmung der Grundrechte gerade das angetan wird, was man vermeiden sollte: sie nämlich als ideologischen Überbau zur Verfestigung bestimmter politischer Machtverhältnisse zu missbrauchen."

In Umkehrung der historischen Ereignisse belegte Schnorr seine These mit dem Hinweis auf die sozialen Grundrechte der Weimarer Verfassung, die unerfüllt geblieben der NS-Propaganda das Bild von der „nicht erfüllten Verfassung" geboten hätten.

Schnorr in der Sprache der agitatorischen bürgerlichen Sozialstaatskritik: „Aber im Endergebnis kam bei diesem sozialen Grundrechtskatalog eben doch nur ein ganz auf die ideologischen Vorstellungen der Weimarer Koalition zugeschnittener ‚sozialistischer Mittelstandsstaat' heraus." Schnorr stellt sich deshalb auch gegen die Sozialstaatsklausel von Art. 20 GG, die bloß den Richter dazu verleite, „dem Rechtsinhalt im Wege der Sozialinterpretation seine persönlichen sozialpolitischen Ansichten aufzuprägen, sozusagen Sozialpolitik auf eigene Faust zu betreiben. Darin liegt eine schwere Gefährdung des Gewaltenteilungsprinzips." Die Debatte über soziale Grundrechte galt Schnorr als eine politische, eine von der marktwirtschaftlichen in die bedenkliche „zentralverwaltungswirtschaftliche" Richtung führende Diskussion, die nur auf der Ebene der einfachen Gesetzes zu regeln sei, „wobei die Europäische Sozialcharta immerhin gewisse Anhaltspunkte" biete. Schnorr erklärte sich deshalb „gegen eine Konstitutionalisierung sozialer Grundrechte": „Die Festlegung sozialer Grundrechte im Sinne wohlfahrtsstaatlichen Denkens birgt die akute Gefahr einer Ideologisierung der Rechtsordnung in sich. Die gleichen Bedenken bestehen gegen eine Sozialstaatsklausel nach dem Muster des Art. 20 Abs. 1 des deutschen Grundgesetzes. Sie ist daher abzulehnen. Die Normen der Europäischen Sozialcharta sollten vielmehr als Richtschnur für die einfache Gesetzgebung angesehen werden."[22]

Der Wiener Universitätsdozent **Theodor Tomandl** (Jg. 1933, ab 1968 Ordinarius des Arbeits- und Sozialrechts) erklärte im Oktober 1966 vor der Katholischen Sozialakademie, soziale Grundrechte sind bloß vor einer christlich-personalistischen Freiheitssicht sinnvoll interpretierbar. Tomandl debattierte die Möglichkeit sozialer Grundrechte als „Gemeinschaftswerte" im Sinne der antiliberalen, antiparlamentarischen Integrationstheorie von Rudolf Smend (1928) und vor dem Hintergrund der für viele bürgerliche Mitglieder des Expertenkollegiums maßgeblichen päpstlichen Sozialdokumente. Tomandl plädierte für eine Priorität der Freiheitsrechte in Abgewogenheit mit sozialer Sicherheit im Sinn der katholischen Soziallehre auf der Linie der im Grundrechtsreformkollegium unablässig zitierten Enzyklika „Pacem in terris" von Papst Johannes XXIII.: „Absolute Freiheit zerstört die Sicherheit, absolute Sicherheit raubt der Freiheit jeden Entfaltungsraum. Ein Überwuchern der Freiheitsrechte hätte daher soziale Unsicherheit zur Folge, ein ungezügeltes Vorpreschen der sozialen Grundrechte würde in einem System persönlicher Unfreiheit ausmünden."

Carl Schmitts „Verfassungslehre" von 1928 gilt Tomandl als Grundlage, um den Rechtsstaat als eine übergeschichtliche Wesenserscheinung gegen sozialstaatliche Postulate in Position zu

22 Vgl. Gerhard Schnorr: Die Grundrechte mit Arbeitsrechtsbeziehung und die Neufassung des österreichischen Grundrechtskataloges. Vortrag gehalten auf der 2. Tagung der österreichischen Gesellschaft für Arbeitsrecht und Sozialrecht am 2. März 1967, Wien 1967.

bringen. Hauptorientierungspunkt ist aber auch bei Tomandl Ernst Forsthoffs Vortrag vor der Bonner Tagung der Vereinigung deutscher Staatsrechtslehrer. Tomandl beruft sich auf Forsthoffs „Menetekel" vom halben Rechtsstaat und halben Sozialstaat, die keinen sozialen Rechtsstaat ergäben: „Es wäre Ausdruck erschütterndster Naivität anzunehmen, einfach durch Aufpfropfung sozialer Grundrechte den freiheitlichen Rechtsstaat zu einem sozialen Rechtsstaat umwandeln zu können."

Der Sozialstaat erscheint auch bei Tomandl als potentielle Gefahr des „Rechtsstaats", dessen von Rudolf Gneist 1872 definiertes Zentralmerkmal – der generelle Charakter des Gesetzes – in Frage gestellt werde. Unter neuerlicher Berufung auf Forsthoff fordert Tomandl im Hinblick auf eine Verankerung sozialer (Grund-) Rechte: „Die Erfordernisse des Rechtsstaates und seiner formalen, organisatorischen Einrichtungen gilt es daher zu beachten."

Tomandls Klage über die fragwürdige juristische Legitimität sozialer Grundrechte, „das Problem der Positivierung sozialer Grundrechte" hätte so auch im Kollegium formuliert werden können: „Es fragt sich nur, wie diese sozialen Grundrechte auch Bestandteile der positiven Rechtsordnung werden können." Selbst im unverbindlichen Rang von „Programmsätzen" drohten soziale Grundrechte nämlich „die ideale Harmonie des klassischen Verfassungskonzeptes" zu stören. Auch bei Tomandl gilt dies als Ursache für den Untergang der Weimarer Verfassung, weshalb er sich gegen eine Übernahme der Sozialstaatsklausel der Art. 20 und 28 des Grundgesetzes in die österreichische Rechtsordnung stellt.

In einer auf Privateigentum beruhenden Ökonomie – Tomandl ist da schwer zu widersprechen – ist ein subjektiv-öffentliches Recht auf Arbeit, auf Beschäftigungspolitik, usw. eine „Farce", selbst soziale Grundrechte geringer Reichweite seien problematisch, da flüchtig, labil garantierbar und schwer durchsetzbar: „Ein subjektives Recht auf Arbeitslosenunterstützung wäre dagegen zwar denkbar, wenn auch nicht leicht realisierbar." Insgesamt sei die Sozialgesetzgebung unterhalb des Verfassungsranges anzusiedeln, was auch Tomandl mit Forsthoffs „kurzem und bündigem" Diktum: „Eine Verfassung kann nicht Sozialgesetz sein!" begründet.

Abschließend betont Tomandl, dass „Freiheitsrechte und soziale Grundrechte" zwar nicht unvereinbar sind, allerdings nur in einer „personalistischen" und nicht „totalitären" Bedeutung. Soziale Grundrechte drohten auf der unverzichtbaren Grundlage des bürgerlichen Rechtsstaats zu rechtlichem Systembruch zu führen. Insbesondere die „Positivierung sozialer Grundrechte in Form von Programmsätzen in der staatlichen Verfassung verstößt gegen die Postulate der Rechtssicherheit und der Rechtsklarheit", „unvollständig konkretisiertes Recht" gefährdet nach Tomandl die Gewaltentrennung, sei gegenüber dem einfachen Gesetzgeber nicht durchsetzbar, weshalb Tomandl – wie Schnorr – unter Betonung der „klassischen" Fundamentalprinzipien gegen soziale Grundrechte im Verfassungsrecht ist: „Für Österreich empfiehlt sich die Positivierung sozialer Grundrechte in Form einfacher Gesetze in Verbindung mit einer materiellen – auf die Sozialstaatlichkeit ausgerichteten – Ausgestaltung des Gesetzesvorbehaltes der klassischen Grundrechte."[23]

Gegen die bei allen rhetorischen Bekenntnissen zum Sozialen herrschende wissenschaftliche Minderschätzung sozialer Grundrechte wurde nur selten literarisch Stellung genommen, so etwa vom jungen Wiener Arbeiterkammerjuristen **Josef Cerny** (Jg. 1940), wenn auch vom Standpunkt des – nicht selten illusionären – sozialdemokratischen Reformismus, wie er im Expertenkollegium von Wilhelm Rosenzweig oder Karl Mark vertreten wurde. Cerny würdigte gegen die geläufige Herabsetzung der sozialen Grundrechtsnormen in der Weimarer Verfassung und im sozialdemokrati-

23 Vgl. Theodor Tomandl: Der Einbau sozialer Grundrechte in das positive Recht, Tübingen 1967.

schen österreichischen Verfassungsentwurf von 1919 diese Verfassungsbestimmungen als schwer erkämpfte Zukunftshoffnung. Wider die dominierende bürgerliche Rechtsauffassung betonte Cerny, dass soziale Grundrechte nicht im Widerspruch zum Rechtsstaat, sondern in der Linie von dessen Fortentwicklung stehen: „Juristisch bedeutet die Regelung sozialer Rechte in der Form des Verfassungsgesetzes erhöhte formale Gesetzeskraft und damit größere Stabilität dieser Normen. Politisch ist die Aufnahme sozialer Rechte in den Grundrechtskatalog der Verfassung als Ausdruck der Rechtsstaatlichkeit anzusehen, (...).“ Die österreichische Grundrechtsreform habe sich an der Europäischen Sozialcharta zu orientieren, deren baldige Ratifikation – im Verfassungsrang und mit Rechtsverbindlichkeit – vom Österreichischen Arbeiterkammertag 1965 gefordert wurde. Cerny verlangte 1967 – in Kenntnis der geschichtlichen Tradition der idealistischen Forderungen eines Rechts auf Arbeit von Seite J.G. Fichtes (um 1800), des Owenschen Sozialismus, der gescheiterten Blanc'schen „Nationalwerkstätten“ in der Revolution von 1848 und in Kenntnis der marxistischen Kritik am illusionären Charakter sozialer Grundrechte unter kapitalistischen Bedingungen – die Aufnahme eines Rechts auf Arbeit in den künftigen österreichischen Grundrechtskatalog im Sinn der Europäischen Sozialcharta als einem Recht auf Vollbeschäftigungspolitik, auf Berufsausbildung, sowie auf Arbeitslosenunterstützung. Cerny verteidigte das Recht auf Arbeit gegen die verbreitete Juristenmeinung, „dass entweder die verfassungsrechtliche Regelung dieses Rechts auf inhaltsleere Versprechungen beschränkt bleiben“ muss oder aber „das Bestehen eines totalitär-kollektivistischen Wirtschaftssystems, verbunden mit Arbeitszwang, vorausgesetzt werden müsste, um einem Grundrecht auf Arbeit realen Gehalt geben zu können“.[24]

---

24 Vgl. Josef Cerny: Wie steht es um die Ausprägung sozialer Grundrechte in Österreich?, in: Das Recht der Arbeit 15 (1965), 109-113 und ders.: Das

Der dem Expertenkollegium vorsitzende **Edwin Loebenstein** betrachtete die Frage der sozialen Grundrechte vom Standpunkt der „sozialen Frage", gleichsam von der Position der staatlichen Sozialgesetzgebung von oben: „Es geht hiebei sicher nicht um eine Weltverbesserung und um eine Heilslehre, (....)."[25] Die Frage der sozialen Grundrechte hatte sich nach Loebenstein und – von sozialdemokratischen Modifikationen abgesehen – nach den Kollegiumsmitgliedern an der (sozialen) Marktwirtschaft zu orientieren, wie dies für die Bundesrepublik Deutschland H.C. Nipperdey in seinem Buch „Soziale Marktwirtschaft und Grundgesetz" behauptet hatte. Umso evidenter schien es, dass soziale Grundrechte in der kapitalistischen Krise legal ausgesetzt werden können, dass die sozialrechtliche Gewährleistung ihre Grenze an der kapitalistischen Profitlogik findet. Loebenstein hob entsprechend die „Notstandsklausel" der Art. 30 und 31 der Sozialcharta hervor: „Dabei war sich das Expertenkollegium der Bestimmungen etwa der Art. 30 und 31 der Europäischen Sozialcharta bewusst, die eine Notstandsklausel und Einschränkungsmöglichkeiten von Gewährleistungen enthalten, wenn es die Lage des Staates in einer Zeit wirtschaftlicher Rezession erfordern könnte."[26]

Die Rede von der „Grenze des Sozialstaats", die bürgerlich-akademischen Warnungen vor den negativen Folgen des „nivellierenden Wohlfahrts- und Versorgungsstaats" als „Weg in die Unfreiheit", in die „planwirtschaftliche Ordnung" klang in den Beratungen immer wieder durch, wie das stete Ressentiment gegen Gewerkschaften, gegen Streikende, denen mit den Mitteln des Strafrechts beizukommen ist. Dass soziale Grundrechte über Leistungsansprüche hinausgehend der Sicherung durch die Instrumente des

Recht auf Arbeit als soziales Grundrecht, in: Das Recht der Arbeit 17 (1967), 1-9.

25 Loebenstein 1973 (wie Anm. 7), 35.

26 Loebenstein 1991 (wie Anm. 14), 426.

Arbeitskampfrechts, durch den politischen Streik und durch betriebliche und wirtschaftliche Mitbestimmungs-Demokratie bedürfen, blieb von den Beratungen ausgeblendet.[27]

1983 fasste **Theo Öhlinger**, der sich immerhin ein „verfassungsgesetzlich gewährleistetes subjektives Recht auf staatliche Arbeitslosenunterstützung" vorstellen konnte, die Lage in dem Sinn zusammen, dass eine zwanzigjährige Debatte über die sozialen Grundrechte zwar „beachtlichen literarischen Aufwand" – Öhlinger bibliographiert die wichtigste Literatur – erbracht hat, in der Sache selbst aber „nur ein bescheidener Fortschritt" zu verzeichnen war. Mittlerweile war der aus 1966 stammende UN-Weltpakt über die wirtschaftlichen, sozialen und kulturellen Rechte 1978 vom Nationalrat nicht einmal im Verfassungsrang übernommen worden, obwohl dieser UN-Katalog sozialer Grundrechte – wie Öhlinger, der ansonsten die bekannte Justitiabilitäts-Skepsis äußert, betont – selbst im Verfassungsrang „mangels unmittelbarer Anwendbarkeit" die österreichische Rechtsordnung nur sehr begrenzt „tangiert" hätte.[28]

Josef Cerny, mittlerweile Wiener Arbeiterkammerdirektor, forderte 1984 auf dem von der Grazer Juristenfakultät veranstalteten Symposium „Grundrechtsreform in Österreich", die soziale Grundrechtspolitik über den 1978 ratifizierten UN-Pakt über soziale,

---

27 Zu den Motiven und Anfängen der mit ähnlichen Fragen befassten, in den fünfziger Jahren aufgenommenen Beratungen zur Kodifizierung des Arbeitsrechts vgl. das 1955 mit einem Vorwort des Bundesministers für soziale Verwaltung Karl Maisel von der Wiener Arbeiterkammer herausgegebene Sonderheft von „Das Recht der Arbeit" (August 1955 18./19. Heft) mit Beiträgen von Franz Gschnitzer, Ernst Hellbling, Ferdinand Maultaschl, Felix Cermak, Rudolf Strasser, Karl Kummer, Eduard Rabofsky und Theo Mayer-Maly.

28 Vgl. Theo Öhlinger: Soziale Grundrechte, in: Arbeitsrecht und soziale Grundrechte. Festschrift Hans Floretta, hrg. von Oswin Martinek u.a., Wien 1983, 271-287.

wirtschaftliche und kulturelle Rechte [BGBl. 590/1978] zu forcieren: etwa durch rechtsverbindliche Gewährleistung des Rechts auf angemessenen Lebensstandard (Art. 11 des UNO-Sozialpaktes) und des Rechts auf soziale Sicherheit (Art. 9) „für jene Menschen, die keine Arbeit finden oder ausüben können“.

Wenn schon nicht als subjektiv öffentlich, einklagbare Rechte, so seien die sozialen Grundrechte wenigstens als Staatszielbestimmungen, als Programmsätze, als Einrichtungsgarantie (von Berufsberatungs-, Arbeitsvermittlungs- oder Arbeitsmarktförderungsstellen) zu inartikulieren, da sich daraus – so Cerny 1985 – „unmittelbar praktische Konsequenzen, insbesondere durch das Gebot der verfassungskonformen Rechtsanwendung“ ergeben. Zumindest sah Cerny dadurch einen „Hauch von Utopie“ in Zeiten des forcierten Sozialabbaus gesichert: „Im Gegenteil – gerade in wirtschaftlich schwierigen Zeiten ist es notwendig, den Schutz vor der Ausübung wirtschaftlichen Drucks im Arbeitsverhältnis zu verstärken und das rechtliche Instrumentarium zur Beschäftigungssicherung zu verbessern.“

Cerny vertrat in der Debatte eine Position, die manche sozialdemokratische Illusion über einen „harmonischen“ Kapitalismus verdeutlicht: „In seinem Schlusswort hob Dr. Cerny hervor, dass soziale Grundrechte als Ergänzung und nicht etwa als Gegensatz zu den klassischen Freiheitsrechten anzusehen seien. Das Konzept einer verfassungsrechtlichen Verankerung solcher Rechte sei nicht egalitär gemeint, sondern in bewahrendem Sinne in bezug auf bestehende Sozialleistungen zu verstehen. Allerdings erscheine ihm eine Sozialstaatsklausel als rechtstechnisch nicht ausreichend. Es gebe vielmehr weitergehende Konkretisierungsmöglichkeiten, die legistisch genutzt werden sollten.“[29]

29 Vgl. Josef Cerny: Recht auf Arbeit, in: Grundrechtsreform, hrg. von Reinhard Rack, Wien-Köln-Graz 1985, 197-202.

1987 begann die Debatte über die Inartikulierungsfähigkeit sozialer Grundrechte auf Verfassungsebene im Rahmen der 1985 eingesetzten „politischen Grundrechtskommission" – als wäre das „Expertenkollegium" unpolitisch gewesen – wieder bei Null, wenn der damalige Leiter des Bundesverfassungsdienstes **Gerhart Holzinger** im Rahmen einer pseudo-öffentlich inszenierten Enquete formuliert: Bei den Beratungen der neuen Grundrechtskommission „ging es vor allem um die Frage, ob soziale Grundrechte wegen der ihnen eigentümlichen Struktur – (...) – einer verfassungsrechtlichen Verankerung überhaupt zugänglich sind bzw. in welcher rechtssetzungstechnischen Form dies allenfalls möglich wäre." Diesen Bedenken folgend wurde auch in der so genannten politischen Grundrechtskommission angesichts der „beschränkten Justiziabilität" der sozialen Grundrechte über die bekannten Alternativmodelle (Kompetenznormen (z.B. Sozialversicherung, Armenwesen!), Sozialstaatsklausel, Programmsätze, Staatszielbestimmungen, Gesetzgebungsaufträge) beraten, während soziale Grundrechte im Rang „subjektiver, verfassungsgesetzlich gewährleisteter Rechte" „realistisch" und in Betrachtung der „wirtschaftlichen Situation" nur marginal garantiert werden könnten: „Ebenso wenig kann es aber wünschenswert sein, das wirtschaftspolitische Handeln des Staates in all seinen Dimensionen im Hinblick auf eine extensive verfassungsrechtliche Gewährleistung sozialer Rechte der Beurteilung durch das Verfassungsgericht zu überantworten." Einer restriktiven Interpretation der sozialen Grundrechte – so wurde z.B. das „Recht auf Arbeit" als Recht der „freien Berufswahl, der Berufsberatung, der staatlichen Beschäftigungspolitik oder des Kündigungsschutzes" definiert – folgte unter Bezug auf die Beratungen von „Expertenkollegium" und „Redaktionsteam" – ein Entwurf betreffend Teilkodifikation des Rechts auf „Sozialversicherung und Sozialhilfe". Für wie aussichtsreich selbst dieser Minimalvorschlag in den Reihen der politischen Grundrechtsreformkommission gehalten wurde, zeigt folgende Einschätzung von Holzinger: „(...) im Hinblick auf die Absicht, im Rahmen der Gesamtkodifikation der sozialen Grundrechte eine allgemein zu formulierende Wesensgehaltssperre zu schaffen, hat die politische Grundrechtskommission – übrigens nach langer Diskussion – darauf verzichtet, im vorliegenden Gesetzesentwurf ein ausdrückliches Verbot an den Gesetzgeber aufzunehmen, bei Neuregelungen auf dem Gebiet der Sozialversicherung den aktuellen Standard zu unterschreiten."

In der Diskussion widersprach **Hans R. Klecatsky** mit Recht der Einschätzung, der vorliegende Entwurf eines Bundesverfassungsgesetzes über das Recht auf Sozialversicherung und Sozialhilfe stelle einen Fortschritt dar: Klecatsky widersprach sowohl der Auffassung, „die so genannten sozialen Grundrechte könnten keinen oder keinen hinreichenden verfassungsrechtlichen Schutz genießen", als auch der latenten Position, diese würden die „Staatsstruktur zerstören".

Die Beratungen müssten in der Richtung auf die Formulierung „möglichst vieler subjektiver öffentlicher Rechte" orientieren und nicht ständig an der Kategorie der vermeintlichen Injustitiabilität sozialer Grundrechte fixiert sein: Angesichts des Schutzes privater Vermögensrechte im Rahmen der Eigentumsgarantie von Art. 5 StGG „wäre es hoch an der Zeit, den nach Zahl und Bedürftigkeit weit überwiegenden kleinen Sozialbürgern zumindest den gleichen verfassungsrechtlichen Schutz zu gewähren wie dem Eigentumsbürger. Ich meine, dass man mit dem in Aussicht genommenen ersten Schritt zur verfassungsrechtlichen Begründung von sozialen Grundrechten dem einzelnen Sozialbürger nicht einmal eine bescheidene verfassungsrechtliche Position einräumt (...)."[30]

30 Vgl. Gerhart Holzinger: Grundrechtliche Gewährleistung von Sozialversicherung und Sozialhilfe (1987), in: Soziale Grundrechte. Sozialversicherung, Sozialhilfe. Beiträge anlässlich der 3. Grundrechtsreform-Enquete, hrg. vom Bundeskanzleramt-Verfassungsdienst, Wien 1988, 9-18 und Hans R. Klecatsky: Diskussionsbeitrag, in: ebenda, 19-24. – Zur politischen, seit

Unter Berufung auf die Beratungen des Expertenkollegiums zum Thema soziale Grundrechte in der 77.-79. Arbeitstagung im Frühjahr 1973 wiederholte Klecatsky 1988 seine Forderung, soziale Grundrechte auf subjektiv einklagbarem Niveau zu gewähren, der auf der Teilenquete vorgelegte Entwurf falle hinter das Fortschrittsgebot bzw. Rückschrittsverbot der Europäischen Sozialcharta zurück.[31]

Der Widerstand gegen soziale Grundrechte von Seite der Unternehmerverbände war 1990 so offenkundig, dass die Diskussion über wirtschaftliche und soziale Rechte im Rahmen der vierten Grundrechtsreform-Enquete im Juni 1990 zunehmend im akademisch Unverbindlichen verlief. Den fehlenden politischen Wille zu einer (sozialen) Grundrechtsreform brachte eine Wortmeldung des Verfassungsjuristen Herbert Haller, der – so gesehen – auf der Höhe des politischen „Zeitgeists" war, zum Ausdruck: „Alles, was gut und teuer ist, in die Verfassung aufzunehmen, das wandelt diese – und ich nehme hier eine Anleihe bei Hans Kelsen – zu einem enzyklopädischen Lexikon." Eine Jugendschutzgesetzgebung auf Verfassungsebene sei sinnlos, wenn es an einfachgesetzlichem Willen fehlt, gleiches gelte für das „exakte Maß der Urlaubsdauer". Der Verfassungsgesetzgeber habe weder „einfachen Gesetzgeber" zu spielen, noch der „richterlichen Gewalt die Klärung politischer Fragen" zuzuschieben.

Dass seit 1964 in der Debatte faktisch kein Fortschritt erzielt worden war, zeigt der Diskussionsbeitrag von Edwin Loebenstein

---

1993 nicht mehr einberufenen Grundrechtskommission vgl. Gerhart Holzinger: Die Grundrechtsreform in Österreich, in: 70 Jahre Republik. Grund- und Menschenrechte in Österreich, hrg. von Rudolf Machacek, Willibald P. Pahr und Gerhard Stadler, Kehl-Straßburg-Arlington 1991, 459-498.

31 Vgl. Hans R. Klecatsky: Das Recht auf soziale Sicherheit in der österreichischen „Reform der Grund- und Freiheitsrechte", in: Fortschritt im Bewusstsein der Grund- und Menschenrechte. Festschrift für Felix Ermacora, Kehl-Straßburg-Arlington 1988, 309-326.

zum im Juni 1990 vorliegenden „Entwurf eines Bundesverfassungsgesetzes über wirtschaftliche und soziale Rechte". Auch wenn der zuständige Grundrechtsreferent Heinrich Neisser einleitend gemeint hatte, man könne mit sozialen Grundrechten auf der Ebene der nationalen Kodifikation dem neoliberalen europäischen Integrationstrend widerstreben, auch wenn von manchem Diskussionsredner präzise und exakte soziale Grundrechte, u.a. die Normierung des Streikrechts, eingefordert wurde, brachte der mittlerweile als Verwaltungsgerichtshofpräsident pensionierte Edwin Loebenstein die Stagnation auf den Punkt, indem er die klassisch-liberalen Grundrechtsgarantien in den Mittelpunkt stellte und wieder unter Berufung auf den von ihm ständig zitierten Ernst Forsthoff betonte: „Nach Kelsen hat Forsthoff in den 50iger Jahren gemeint, eine Verfassung kann kein Sozialgesetz sein, daher kann nicht alles im Verfassungsrang stehen, (...)." Loebenstein hielt an der absoluten Priorität der bürgerlich-liberalen Abwehrgrundrechte fest, auch wenn sich die rigide Position zu Beginn der Kodifikationsarbeiten 1964, wonach „soziale Grundrechte überhaupt keine Grundrechte seien und daher gar keine Berechtigung hätten, in diese Neukodifikation einzugehen", aufgeweicht hatte.[32]

1995 heißt es in den Materialien des 13. Bundeskongresses des ÖGB: „Seit über drei Jahrzehnten wird die Reform der Grund- und Freiheitsrechte diskutiert und getragen vom heutigen Verfassungsverständnis eines demokratischen Rechtsstaates die verfassungsrechtliche Verankerung sozialer Grundrechte gefordert, allerdings bisher ohne jeglichen Erfolg." Ein 1996 eingebrachter Initiativan-

32 Vgl. Herbert Haller, Edwin Loebenstein, Diskussionsbeiträge, in: Wirtschaftliche und soziale Rechte. Recht auf Arbeit. Referate und Diskussionsbeiträge anlässlich der 4. Grundrechtsreform-Enquete am 13. Juni 1990, hrg. vom Bundeskanzleramt-Verfassungsdienst, Wien 1991, 20-23, 48f.

trag „betreffend ein Bundesverfassungsgesetz über wirtschaftliche und soziale Rechte“ blieb unerledigt.[33]

1969 – fünf Jahre nach Beginn der Beratungen des Grundrechtsreformkollegiums – hat der Innsbrucker Staatsrechtsordinarius **Peter Pernthaler** – zuvor als Beamter des Verfassungsdiensts an den vorbereitenden Arbeiten beteiligt – im „Archiv des öffentlichen Rechts“, einem Zentralorgan der deutschen Zunft, für eine über Österreich hinausgehende rechtswissenschaftliche Öffentlichkeit berichtet.[34]

Pernthaler erklärte die zügige Einleitung der Grundrechtsreform im Rückblick als Folge der zersplitterten innerstaatlichen Rechtsquellenlage, deren „formeller Unvollkommenheit“, insbesondere aber als Folge „der internationalen Grundrechtsentwicklung“, dem Beitritt Österreichs zu Menschenrechtskonvention 1958 und den bis 1964 anhaltenden Debatten über Rang und Anwendbarkeit der Konvention, sowie der anstehenden Ratifizierung der Europäischen Sozialcharta.

Der soziale Widersprüche still legenden bzw. ausblendenden Entpolitisierung der Grundrechtsreform im Wege eines scheinbar abgehoben „unpolitischen“ Expertentums im Stil der traditionell österreichischen administrativen Eliten – der geschäftsführende Vorsitzende Sektionschef Edwin Loebenstein verkörperte diese in familiärer Tradition – entsprach die Geheimhaltung der Beratungen, die Verschwiegenheitspflicht für die Mitglieder des Expertenkollegiums, die Information im Wege „offizieller Bulletins“ oder

---

33 Zum (vorläufigen) Ende der sozialen Grundrechtsdebatte vgl. Karl Dirschmied: Möglichkeiten und Grenzen eines Rechts auf Arbeit – insb für Jugendliche und ältere Arbeitnehmer, in: Sozialpolitik ist Gesellschaftspolitik. Festschrift Josef Cerny zum 60. Geburtstag, Wien 2001, 65-78, hier zit.n. 73f.

34 Vgl. hier und im folgenden Peter Pernthaler: Die Grundrechtsreform in Österreich, in: Archiv des öffentlichen Rechts 94 (1969), 31-84.

– wie Pernthaler es ausdrückt – die „amtliche ‚dosierte' Befassung der Öffentlichkeit mit der Grundrechtsreform".

Edwin Loebenstein verteidigte 1973 auf dem Österreichischen Juristentag diese Vorgangsweise, da er offensichtlich eine Grundrechtsreform nur auf dem wissenschaftlichen Reißbrett fern vom politischen Verteilungskonflikt für möglich hielt. Loebenstein schien die Lösung von Fragen zur qualifizierten betrieblichen Mitbestimmung, der Koalitionsfreiheit, zu den Grundrechten Eigentum, Erwerbsfreiheit nur abseits des sozialen Disputs aussichtsreich: „Diese Fragen müssen in einer sachlichen, von Emotionen freien Atmosphäre gelöst werden."[35]

Die oft beklagte Grundrechtspassivität der „Bevölkerung" verdeckte nur ideologisch die erwünschte und gezielt herbeigeführte Ruhigstellung einer von realen Interessenkonflikten geprägten Verfassungsdebatte, ja man fürchtete sogar – wie ein Punkt im „Fragenprogramm" der Kommission zeigt – negativ „desintegrierende" Effekte, sollte eine öffentlich abgehandelte Grundrechtsreform scheitern. (*Vgl. Protokolle, 326.*)

So sprach Loebenstein 1991 im Sinne der Idee einer „vorbereiteten Reform ‚von oben'" von einer gelenkt vorsichtigen „Diskussion in der Öffentlichkeit" zur „Verlebendigung des Grundrechtsverständnisses": „Gegen die Auslösung einer Diskussion in der Gesamtbevölkerung anlässlich einer Volksabstimmung werden dann keine Bedenken bestehen, wenn [! – Anm.] die politischen Parteien sich mit dem Gesetzgebungswerk im Nationalrat und Bundesrat identifiziert haben und diese ihre Meinung auch in der Vorbereitung der Volksabstimmung vertreten."[36]

---

35 Loebenstein 1973 (wie Anm. 7), 29, weiter 36 über Loebensteins Verständnis von Grundrechtsreform als reiner Wissenschaft: „(...), sondern uns bemühen, die rechtspolitischen Betrachtungen mit wissenschaftlichen Mitteln in den Griff zu bekommen."

36 Loebenstein 1991 (wie Anm. 14), 444.

Pernthaler hatte 1969 auf das Problem einer Grundrechtsreform „von oben" ohne „politische Dynamik" aufmerksam gemacht, indem er historisch auf die bürgerlich-liberale und bürgerlich-revolutionäre Konstitutionsbewegung des 19. Jahrhunderts im zeitlichen Vor- und Nachfeld der Revolution von 1848 verwies: „Im Gegensatz zu den historischen Kämpfen und Revolutionen um die Grundrechte wird die gegenwärtige Reform nicht von einer Volksbewegung oder auch nur von einer echten politischen Dynamik getragen, sondern von dem Bestreben nach rechtstechnischer und rechtsdogmatischer Vervollkommnung des Grundrechtsbestandes (eine Tatsache, die besonders durch den ‚Experten'-Status der Kommissionsmitglieder betont wird)."

Wolfgang Mantl, der für die Veröffentlichung der Beratungsprotokolle plädierte, sprach 1984 von „Grundrechtsreform als Arkandisziplin" jenseits der politischen Öffentlichkeit: Es gab im Zusammenhang mit der Grundrechtsreform ein Naserümpfen über eine „unstatthafte Profanierung" dieser Diskussion. „Über Grundrechte ohne Robe und Talar zu reden", schien unstatthaft, Mantl 1985 im Rückblick: „Es gibt kein gesellschaftliches Räsonnement über Grundrechte."[37] Ludwig Adamovich sprach 1984 ähnlich von einer „Reform hinter verschlossenen Türen", einer „Grundrechtsreform ohne Beteiligung des Volkes".[38] Gerhart Holzinger qualifizierte im Juni 2000 vor der Österreichischen Juristenkommission Grundrechtsreform als „Orchideenthema".[39]

---

37 Wolfgang Mantl: Menschenrechte und Grundfreiheiten im Verfassungsstaat, in: Grundrechtsreform, hrg. von Reinhard Rack, Wien-Köln-Graz 1985, 21-38, hier 36f.

38 Ludwig Adamovich: Über die Notwendigkeit einer Reform des geltenden Grundrechtskatalogs, in: Grundrechtsreform, hrg. von Reinhard Rack, Wien-Köln-Graz 1985, 89-94, hier 93.

39 Vgl. Gerhart Holzinger: Eröffnung, in: Kritik und Fortschritt im Rechtsstaat. Neue Wege des Grundrechtsschutzes. Tagung der Österreichischen

Die politische Funktion dieser „Geheimhaltungspolitik“ wurde anfangs der 1970er Jahre sichtbar, als im Rahmen des Arbeitsverfassungsgesetzes (1973) über die alltäglichen Rechte der lohnabhängigen Mehrheit und nicht etwa über das abstrakt-bürgerliche Grundrecht auf „Menschenwürde“ beraten wurde. Jenseits jeder demokratischen Auseinandersetzung und ohne Mobilisierung der demokratischen Kampfmittel der Arbeiterschaft (Streik) wurde unter Ausschaltung der betriebsrätlichen Basis – unter Duldung der reformistischen Gewerkschaftsführung – in einem Geheimverfahren von den „Spitzen“ der „Sozialpartnerschaft“ ein für die Arbeiterschaft ungünstiges Mitbestimmungsmodell umgesetzt, wobei die Unternehmerseite unter Ausnützung ihrer Kontakte zu den bürokratischen, politischen und juristischen Eliten erfolgreich ihre Kampagne für das „freie Unternehmertum“ führen konnte. Der Wiener Arbeitsrechtler Eduard Rabofsky erkannte, dass die viel beklagte „Grundrechtspassivität“ des „Volks“ nicht unerwünscht war: „Bemerkenswert war jedoch schon an den Vorarbeiten zum Arbeitsverfassungsgesetz, dass zu diesen lediglich Ministerialbeamte, Universitätsprofessoren und einige wenige Spitzenfunktionäre des ÖGB, aber nicht ein einziges Mitglied eines Betriebsrates zugezogen wurde. Auch an den weiteren Beratungen wurde die Öffentlichkeit der Arbeiter und Angestellten ebensowenig beteiligt wie ihnen die verschiedenen Entwürfe zugänglich gemacht wurden.“[40]

Von den im Expertenkollegium behandelten Problemfeldern ist auf drei weitere bei Pernthaler beschriebene Punkte zu verweisen. Neben der Frage, welches ökonomische System durch die österrei-

Juristenkommission vom 1. bis 3. Juni 2000 in Weißenbach am Attersee, Wien 2001, 19-22.

40 Eduard Rabofsky: Zum neuen Arbeitsverfassungsgesetz, in: ders.: Wider die Restauration im Recht. Ausgewählte Aufsätze und Artikel, Wien 1991, 98-115, hier 99.

chische Grundrechtsordnung garantiert wird,[41] und ob Grundrechtskataloge auf nationaler Ebene noch möglich und sinnvoll sind,[42] ging Pernthaler vor allem auf den philosophischen Überbau

---

41 Eine gemäß Art. 4, 5, 6 und 7 StGG freie oder doch eine „soziale" Marktwirtschaft? Gibt es überhaupt eine „Kapitalismusgarantie" oder ist die Grundrechtsordnung im Hinblick auf die Produktionsverhältnisse indifferent neutral? – Vgl. dazu Loebenstein 1991 (wie Anm. 14), 375: „Ergibt sich aus der Verfassung vielleicht eine bestimmte Wirtschaftsverfassung im Sinne der sozialen Marktwirtschaft? Aus der Rechtsprechung wird wiederum abgeleitet, dass dirigistische Maßnahmen wie auch nicht dirigistische Maßnahmen des Staates als Privatrechtsträger durchaus verfassungskonform wären. (...) Vgl. Erk. VfGH Slg. 5831/68, wonach die freie Marktwirtschaft kein Grundsatz der österreichischen Verfassung ist." – Vgl. dazu abweichend Karl Korinek: Diskussionsbeitrag zum Themenkreis Wirtschaftsverfassung und Recht auf Arbeit, in: Grundrechtsreform, hrg. von Reinhard Rack, Graz 1985, 203.

42 Zur Diskussion stand vor allem der Umstand, dass durch die Internationalisierung der Grundrechtsnormen das Schutzniveau gegenüber den nationalen Verbürgungen abzufallen droht, nicht zuletzt wegen der auf überstaatlicher Ebene meist fehlenden Gewaltenteilung und der damit demokratisch nicht legitimierten Rechtserzeugung. Auch das Problem der Rechtsunsicherheit infolge schwieriger „Transformationsfragen" und unklarer innerstaatlicher Anwendbarkeit – die auch durch die Staatsvertragsverfassungsnovelle 1964 nach Pernthalers Einschätzung nicht restlos geregelt wurde – war offen. Die Gefährdung der Effizienz des nationalen Grundrechtschutzes, das Defizit an Rechtsschutz auf supranationaler Ebene haben das Reformkollegium nach Loebenstein zu dieser Folgerung geführt: „Umso mehr ist nach Ansicht des Expertenkollegiums die nationale Kodifikation der Grundrechte und ihr Schutz durch nationale Instanzen angebracht." Dies obwohl manche soweit gehen, „den nationalen Verfassungsordnungen die Befugnis, Grund- und Freiheitsrechte positiv-rechtlich zu kodifizieren, abzusprechen". – Loebenstein 1991 (wie Anm. 14), 402f. Vgl. auch Ludwig Adamovich: Über die Notwendigkeit einer Reform (wie Anm. 38) , 94: „...ob heute (1984/85 – Anm.) nationale Kodifikationen der Grund- und Freiheitsrechte überhaupt noch sinnvoll sind. Ich glaube, dass die Frage zu bejahen ist." – Dazu heute unter den Rahmenbedingungen des sogenannten EU-Grundrechts- und Verfassungskonvents Heinrich Neisser: Die Europäische Union auf dem Weg

der Grundrechtsreform ein: Formalistisch wertesubjektiver Neukantianismus[43] – seinerzeit in der Version der Marburger Schule Hermann Cohens einflussreich auf Kelsen, vor allem aber in anderer Version von der Heidelberger Schule um Wilhelm Windelband und Heinrich Rickert entwickelt – bzw. wertagnostisch antimetaphysischer (analytischer) Positivismus einerseits wider materiale „neuontologische" Wertphilosophien aus der phänomenologischen Tradition andererseits.

Der ein Reich geltender objektiver Werte postulierende Rekurs auf die spätbürgerliche Ontologie und Metaphysik – gelegentlich auch „existenzialphilosophisch" variiert[44] – stützte sich vor allem auf Max Schelers materiale Wertethik und Nikolai Hartmanns „Ontologie", wonach „Werterkenntnis echte Seinserkenntnis" völlig „auf einer Linie mit jeder Art theoretischer Erkenntnis" ist.[45]

Trotz Skepsis gegen eine in der Konsequenz naturrechtliche Grundrechtsinterpretation glaubte Pernthaler, die österreichische Diskussion könne an die „moderne Ontologie" anknüpfen: „So hat vor allem die Phänomenologie klargestellt, dass es jenseits von Subjektivismus und formalem Objektivismus inhaltliche Erkennt-

---

zur Grundrechtsgemeinschaft, in: Journal für Rechtspolitik 8 (2000), 264-272, sowie zu „Grundrechtsreform und internationale Menschenrechte" vor allem Wolfram Karl und Herbert Miehsler: Die Internationalisierung des Menschenrechtsschutzes, in: Grundrechtsreform, hrg. von Reinhard Rack, Wien-Köln-Graz 1985, 39-71. – *Vgl. auch die hier vorliegenden Protokolle, 321f.*

43 Vgl. zu einer Gegenüberstellung neukantisch transzendentaler, auf formale Geltung bezogener Wertphilosophie (Windelband, Rickert) und phänomenologisch material-aprioristischer Wertphilosophie Herbert Schnädelbach: Philosophie in Deutschland 1831-1933, Frankfurt 1983, 219-229.

44 Vgl. Georg Lukács: Die Zerstörung der Vernunft. (=Georg Lukács Werke 9), Neuwied 1962.

45 Über Scheler und Hartmann vgl. Wolfgang Stegmüller: Hauptströmungen der Gegenwartsphilosophie I, sechste Auflage, Stuttgart 1978, 96-134 und 243-287.

nismöglichkeiten gebe, die Anspruch auf Allgemeingültigkeit und Wahrheit hätten, und so den Weg zu einer Erneuerung einer philosophischen Ontologie freigelegt." In Ablehnung des rein formalen Normativismus (der Kelsen-Schule) ergibt sich als Folgerung aus der Rückkehr zu einer materialen Wertphilosophie ein inhaltlich wert gebundenes System der Grundrechte (Personalismus, Menschenwürde): Deshalb widersprach Pernthaler der Linie einer „streng formal-positivistischen Konzeption der gewährleisteten Grundrechte" im Stil von Georg Jellinek („System der subjektiven öffentlichen Rechte" 1892) und Hans Kelsen („Hauptprobleme der Staatsrechtslehre" 1911) mit deren ungebrochener Wirkung auf die VfGH-Judikatur.

Von Günther Winkler wurde im Expertenkollegium die empiristische Wertlehre des dem Wiener Kreis des logischen Positivismus angehörenden Viktor Kraft (1880-1975) angesprochen. Kraft hatte 1937 in der von Moritz Schlick und Philipp Frank herausgegebenen Sammlung des Wiener Kreises „Schriften zur wissenschaftlichen Weltanschauung" eine „wissenschaftliche Wertlehre" veröffentlicht, die erst nach der Befreiung vom Faschismus in der Zweitauflage von 1951 einflussreicher wirksam wurde. Kraft präsentierte eine rationale Wertbegründung jenseits eines agnostischen Wertesubjektivismus, der ethische Fragen einer wissenschaftlichen Betrachtung für unzugänglich hielt, und jenseits eines pseudorationalistischen Werteobjektivismus nach Schelerschem Muster: Auf dem Weg „logischer Analyse und durch empirische Feststellungen" kann in Wertfragen Klarheit gewonnen und gezeigt werden, „dass man, wenn man auch noch so entschieden einen unbegründbaren Absolutismus, eine unbeschränkte Allgemeingültigkeit der Werturteile abweist, doch nicht dem schrankenlosen Subjektivismus mancher radikaler Empiristen preisgegeben ist". Schelers angeblich objektive „Rangordnung der Werte“ war für Kraft bloß Widerspiegelung von dessen katholischer Weltanschauung.[46]

Im Expertenkollegium wurde auch die im Gefolge eines antimetaphysischen Empirismus, im Zuge der analytischen Sprachphilosophie auftretende Tendenz, der Rechtswissenschaft den Wissenschaftscharakter schlechthin abzusprechen, angedeutet: Diese etwa vom Grazer Philosophen Ernst Topitsch vorgetragene positivistische Ideologiekritik, der juristische Allgemeinbegriffe, Generalklauseln, allgemeine Rechtsprinzipien oder werthafte Rechtsformeln (wie „neminem laedere“, die „Goldene Regel“, der kategorische Imperativ, etc.) nur als Scheinaussagen und metaphysische Leerformeln galten, verkannte aber nach Auffassung von Kollegiumsmitgliedern die Eigenart der Rechtswissenschaft als einer Wertdisziplin. Topitschs Kritik sei allenfalls gegenüber politisch-naturrechtlicher Juristenspekulation zulässig.[47]

Zum Zeithistoriker des Expertenkollegiums wurde dessen (geschäftsführender) Vorsitzender **Edwin Loebenstein**, der 1973 auf dem fünften österreichischen Juristentag vor dem Hintergrund der zu Ende gegangenen Beratungen zur Grundrechtsreform, die nun in ein „Redaktionsteam“ übergeleitet wurde, zum ersten Mal offiziell über die Ergebnisse zusammenfassend berichtete und dabei schon

---

46 Vgl. Viktor Kraft: Die Grundlagen einer wissenschaftlichen Wertlehre, zweite, neu bearbeitete Auflage, Wien 1951, III, 25-27. – Über Kraft Friedrich Stadler: Studien zum Wiener Kreis. Ursprung, Entwicklung und Wirkung des Logischen Empirismus im Kontext, Frankfurt 1997, 717-725.

47 Vgl. zur Kritik der juristischen Methode, insbesondere zur Naturrechtskritik den Kelsen zum Ideologiekritiker erklärenden und verehrenden Ernst Topitsch: Sprachlogische Probleme der sozialwissenschaftlichen Theoriebildung, in: Logik der Sozialwissenschaften, hrg. von Ernst Topitsch. (=Neue wissenschaftliche Bibliothek 6. Soziologie), Köln-Berlin, zweite Auflage 1965, 17-36, hier 28 – und ders.: Das Verhältnis zwischen Sozial- und Naturwissenschaften. Eine methodologisch-ideologiekritische Untersuchung, in: ebenda, 57-68.

1973 im Hinblick auf den Zeithorizont der Beratungen angesichts überfälliger Resultate von der „Ungeduld mancher" sprach.[48]

Loebensteins Juristentags-Referat von 1973 fasst die Beratungen seit dem Jahr 1965 auf zwei Dutzend Seiten präzis zusammen. Ausführlicher analysierte Loebenstein „die Behandlung des österreichischen Grundrechtskataloges durch das Expertenkollegium zur Neuordnung der Grund- und Freiheitsrechte" im Jahr 1991.

Loebenstein ließ 1991 folgende im Expertenkollegium zu Beginn der Tagungsperiode im Jahr 1965 debattierte Probleme Revue passieren, die Frage der „wehrhaften Demokratie", die Frage von Grundrechten unter den Bedingungen des „Verbände- und Kammerstaats" (*Vgl. Protokolle, 197-212.*), der „Massen"- und „Parteien"-Demokratie (*Vgl. Protokolle, 250-265, 268-270.*) und damit insgesamt das Problem, ob der liberale (Abwehr-) Grundrechtskatalog (von 1867), der „den Zeitgeist einer Klasse zum Ausdruck bringt", ob der theoretisch-ideologische Konnex der klassisch-liberalen Grundrechte angesichts des „Wohlfahrts-, Sozial- und Leistungsstaates" (soziale Grundrechte) und der Verschiebung der Rangordnung von Gleichheit und Freiheit nicht unrettbar zerfallen ist. Loebensteins Ausführungen waren nicht frei von einer gewissen Klage über „Vermassung" und Egalitarismus: „Es stellt sich damit heute die Frage, ob es überhaupt noch legitim ist, bei einer Grundrechtsreform das liberalistische Ziel autonomer Selbstvervollkommnung zur leitenden Idee einer Grundrechtsreform zu machen."

In der Auseinandersetzung über die Positionierung der Grundrechtsreform zwischen „Naturrecht und Positivismus" zeigte sich Loebenstein auch nachträglich skeptisch, weshalb er einem Umschwenken auf „die Linie des Bonner Grundgesetzes, womit eine

48 Vgl. Edwin Loebenstein: Grundrechtsreform. Vortrag auf dem 5. Österreichischen Juristentag, in: Verhandlungen des 5. Österreichischen Juristentages in Wien 1973 II/6, Wien 1975, 22-47.

Renaissance des Naturrechtsdenkens verbunden wäre“, wenig abgewinnen konnte, auch wenn im Expertenkollegium (naturrechtliche) Grundgesetzbestimmungen wie „Die Würde des Menschen ist unantastbar.“ [GG 1 (1)] – „Die Gesetzgebung ist an die verfassungsmäßige Ordnung, die vollziehende Gewalt und die Rechtsprechung an Gesetz und Recht gebunden.“ [GG 20 (3)] – „In keinem Falle darf ein Grundrecht in seinem Wesensgehalt angetastet werden.“ [GG 19 (2)] sowie die Unabänderlichkeitsnormierungen in Artikel 79 (3) GG ausführlich – und mit nicht wenig Zustimmung – zur Debatte gestanden waren. Loebenstein formulierte seine stete Naturrechtsskepsis 1991 so: „All das führt zu Gedanken, die mit Mitteln des Rechts kaum zu erfassen sind. Die Vorstellung vom Naturrecht ist für den gläubigen Menschen etwas ganz anderes als weltbeglückende agnostische Vorstellungen. (...) Jeder Versuch einer Positivierung setzt eine bestimmte Anthropologie voraus und jede Anthropologie bedingt metaphysische Vorstellungen (...).“

Im Expertenkollegium war es in diesem Zusammenhang zu einer Präambel-Debatte gekommen, die Loebenstein 1991 resümiert (*Vgl. Protokolle, 307-318*): „Damit ist einer solchen Verfassung die Existenz einer überpositiven Rechtsordnung geistige und religiöse Gewissheit. Eine nüchterne positivistisch konzipierte Verfassung verzichtet dagegen auf solche Bekenntnisse und dürfte dies wohl mit einer gewissen Berechtigung tun. So sind auch Präambeln nicht ihr Anliegen.“

Das Expertenkollegium sah sich im Zuge seiner Beratungen mit dem „Entstehen neuer Machtzentren“ konfrontiert. Loebenstein, der die außerstaatlichen Kollektive völlig klassenneutral ohne Unterschied zwischen Gewerkschaften und Industriellenverbänden fasste, beschrieb die im Kollegium besprochenen Phänomene des Zerfalls der bürgerlich-liberalen Ideologie von der (angeblichen) Trennung von Staat und Gesellschaft in der Periode des konkurrenzliberalen Kapitalismus – also den Topos vom den gesellschaftlichen Antagonismen gegenüber „neutralen Staat“ zur Zeit des StGG

1867, ferner den viel beklagten Niedergang der Gewaltenteilung und damit in Verbindung das Klagelied vom Ende des liberalen Rechtstaats, also die Erosion der klassischen Staatsgewalt zugunsten von Kammern, Interessenverbänden etc. (mit Kollektivvertragsrechten im Quasi-Verordnungs-Rang) außerhalb hinreichender Grundrechtsbindung. Öffentlich-rechtliche Kammern „treten immer öfter mit hoheitlichen Mitteln auf. In diesem Fall wäre die Frage ihrer Bindung an Grundrechte nicht schwierig zu lösen; anders dort, wo solche Gebilde mit Empfehlungen oder durch Vertragsabschlüsse, etwa als Kollektivvertragsparteien an der Rechtsgestaltung maßgebend Einfluss haben.“

Großes Interesse zeigten Loebenstein und das Expertenkollegium am antisozialistisch orientierten bundesdeutschen Konzept einer „streitbaren, wehrhaften Demokratie“ mit seinen Versuchen, die „Befestigung der Grundrechte“ auf einer „totalitarismustheoretischen“ Basis wider den „Extremismus“ zu erreichen. (*Vgl. Protokolle, 270-298.*) Scheinbar gegen den Nazismus gerichtet handelte es sich in Wirklichkeit vor allem um ein Rechtsinstrument in der Auseinandersetzung mit den politischen und gewerkschaftlichen Organisationen der Linken.

Der österreichische Diskurs „wehrhafte“ wider „wertfrei, liberal-relativistische“ Demokratie orientierte sich – abgesehen vom Streit, welche Bedeutung die Übernahme der Artikel 15 bis 18 der Menschenrechtskonvention hat – an den Bestimmungen zu Koalitions-, Vereins- und Parteienverboten im Bonner Grundgesetz [Art. 9 (2) und 21 (2) GG].

Zweifel erhob sich aber sowohl bei Loebenstein als den meisten Mitgliedern des Expertenkollegiums gegen ein Wiederbeleben der generellen Grundrechtssuspension etwa nach dem Modus des nach Artikel 149 (2) B-VG aufgehobenen Ausnahmezustandartikels 20 StGG 1867. Fast einhellig – mit Ausnahme von René Marcic – wurden aber insbesondere Bestimmungen über die individuelle Verwirkung von Grundrechten durch Verfassungsgerichtserkenntnis nach dem Vorbild von Artikel 18 GG für den Fall, „wenn Grundrechte zum Kampf gegen die freiheitlich demokratische Ordnung missbraucht werden“, abgelehnt: „Derartige Bestimmungen sollen nach Ansicht des Expertenkollegiums in einer Neukodifikation nicht vorgesehen werden.“[49]

Neben Loebenstein hat **Hans R. Klecatsky** trotz „Geheimhaltung“ und „Publikationsverbot“ aus der Arbeit der Reformkommission berichtet, so 1978 in Graz im Rahmen des Symposiums „Der Föderalismus und die Zukunft der Grundrechte“. Der Umgang mit den sozialen Grundrechten im Zug der Ratifikation des UN-Weltpakts über die sozialen, wirtschaftlichen und kulturellen Rechte ließ 1978 Zweifel an der Dynamik der Grundrechtsentwicklung aufkommen. Klecatskys Diagnose zum Stand der Reform, zum Status quo der Grundrechte fiel nachdenklich aus: „All dieses völkerrechtliche Menschenrechtsgut steht nun legistisch unverbunden neben dem veralteten Grundrechtskatalog des Staatsgrundgesetzes über die allgemeinen Rechte der Staatsbürger, und anderen veralteten und tagespolitisch motivierten neuen Grundrechtstrümmern.“[50]

1988 hat Klecatsky fast jede Reformhoffnung auf verfassungs- und grundrechtlicher Ebene preisgegeben, ein Entwurf zu sozialen Grundrechten vom Jahr 1987 gilt ihm nicht als Fort-, sondern als Rückschritt, das Bundesverfassungsgesetz über den Schutz der persönlichen Freiheit (1988) als Alibiaktion. Die Bundesverfassung – „textlich und inhaltlich ein Ruinenfeld“ – bedürfe „der Totalre-

---

49 Vgl. Edwin Loebenstein: Die Behandlung des österreichischen Grundrechtskataloges durch das Expertenkollegium zur Neuordnung der Grund- und Freiheitsrechte, in: 70 Jahre Republik. Grund- und Menschenrechte in Österreich. Grundlagen, hrg. von Rudolf Machacek, Willibald P. Pahr und Gerhard Stadler, Kehl-Straßburg-Arlington 1991, 365-457, hier 376, 378, 384-388, 429f.

50 Vgl. Hans R. Klecatsky: Die gegenwärtige Lage der Grundrechte in Österreich, in: Der Föderalismus und die Zukunft der Grundrechte, hrg. von R. Novak, B. Sutter, G.D. Hasiba, Wien-Köln-Graz 1982, 11-25, hier 16.

form". Von der „Grundmaxime österreichischer Verfassungspolitik", nämlich der „systemlosen Zerfledderung" werde aber genau so wenig abgegangen, wie auch die Reform der Grund- und Freiheitsrechte nach dem faktischen Scheitern 1983 im Rahmen einer „parteipolitischen Kommission" zur „verfassungszerstörerischen Rechtssetzungsmethode der Punktualität" zurückgekehrt sei.[51]

Grundrechtsreformpessimismus war für Klecatsky schon 1980 angesagt. Im Zusammenhang mit der zur Grundrechtserneuerung parallelen Verfassungsreform sprach er von „Verfassungsdämmerung": Wie die Grundrechtskommission tagte auch die Verfassungsreformkommission seit 1975 ohne Zeithorizont „im Geheimen" – mit langsamer Arbeitsgeschwindigkeit und der bedenklichen Tendenz behaftet, Verfassungspolitik in Richtung regierungstechnischer Verwaltungsakte jenseits des (parlamentarischen) Bundesverfassungsgesetzgebers zu verlagern.[52]

Nachdem die Arbeiten von Expertenkollegium und Redaktionsteam 1983 zu keiner Regierungsvorlage geführt hatten, und nachdem die weitere Arbeit nur mehr auf eine Teilreform der Grundrechte ausgerichtet war, wie Stellungnahmen maßgeblicher politischer Vertreter (Heinz Fischer[53], Heinrich Neisser,[54] u.a.) auf dem von Reinhard Rack 1984 organisierten Grazer Reform-Symposium erkennen ließen, äußerte Klecatsky 1985 Zweifel an relevantem Fortschritt, zumal ihm die Stagnation der Grundrechtsentwicklung

---

51 Vgl. Hans R. Klecatsky: Das Recht auf soziale Sicherheit (wie Anm. 31), 310.

52 Vgl. Hans R. Klecatsky: Bundes-Verfassungsgesetz und Bundesverfassungsrecht, in: Das österreichische Bundes-Verfassungsgesetz und seine Entwicklung, hrg. von Herbert Schambeck, Berlin 1980, 83-110.

53 Vgl. Heinz Fischer: Schritte auf dem Weg zur Grundrechtsreform, in: Grundrechtsreform, hrg.von Reinhard Rack, Graz 1985, 119-129.

54 Vgl. Heinrich Neisser: Vom Dissens zum Konsens? – Grundrechtsreform aus dem Blickwinkel politischer Parteien, in: Grundrechtsreform, hrg. von Reinhard Rack, Graz 1985, 131-143.

nicht nur durch das Ausbleiben der 1975 angekündigten Verfassungsreform, sondern auch durch den fehlenden Fortschritt einer Erneuerung der Gerichtsbarkeit des öffentlichen Rechts – die VfGH-Judikatur leide unter Begründungsirrationalismus, resultierend aus dem Festhalten an einem Grundrechtspositivismus, der nicht von einer „ungesonderten“ Freiheitssphäre, sondern von „sich in Einzelgrundrechten erschöpfenden“ Grundrechten ausgeht – verstärkt schien: Der „defiziente österreichische Grundrechtskatalog“ ordnet sich für Klecatsky der „Ruinenhaftigkeit“ der Verfassung und der „Insuffizienz der verfassungsgerichtlichen Rechtschutzfunktion“ nahtlos bei.[55]

55 Vgl. Hans R. Klecatsky: Menschenrechte, innerstaatlicher Rechtsschutz und Volksanwaltschaft, in: Juristische Blätter 107 (1985), 577-586.

2. Die Mitglieder des Expertenkollegiums (1964/65). Grundrechte zwischen aufgeklärt-konservativer und sozialdemokratischer „Reformpolitik"?

Wer waren die Mitglieder des noch in den Tagen der ersten großen Koalition eingesetzten Expertenkollegiums für jene Grundrechtsreform, die als ein Merkmal der so genannten Klaus´schen Reformperiode von 1963 bis 1970 gilt, eingesetzt in einem Augenblick, als sich am Ende der „Wiederaufbauära" der Zweiten Republik die traditionellen „Wert"- und Parteienlager im Zeichen der „Konsumgesellschaft" – so die Einschätzung der bürgerlichen Zeitgeschichtsschreibung – aufzulösen begannen, als die „Abenddämmerung der Gründergeneration der Zweiten Republik" anbrach, als die ÖVP ihre austrofaschistischen Bezugspunkte – u.a. im Zug des römisch-katholischen „Konzil-Aggiornamento"[56] – abstreifen wollte, als sich ein „Linkskatholizismus" formierte, sich die Sozialdemokratie der Reste ihrer austromarxistischen Tradition zugunsten eines reinen Reformismus entledigte,[57] als sich in der Post-Raab-ÖVP ein „Reformerflügel" um Josef Klaus (1910-2001) – ab 1964 Bundeskanzler – durchgesetzt hatte, als der antifaschistische Konsens von 1945 in Frage gestellt, und die Bemühungen um eine österreichische „Europa-Integrationspolitik" (anstehende EWG-Verhandlungen) verstärkt wurden, als der als Übergang von der „agrarisch-industriellen" zur „dienstleistenden" Gesellschaft beschriebene

56 Vgl. Heinrich Schneider: Veränderungen in der katholischen Kirche, in: Die Transformation der österreichischen Gesellschaft und die Alleinregierung von Bundeskanzler Dr. Josef Klaus, Salzburg 1995, 87-116.

57 Vgl. zur Debatte über das endgültige Marxismus-Ende in der SPÖ die Originalbeiträge in: Nichts als Pragmatismus? Österreich zwischen Rekonstruktion und Restauration 1945-1966, hrg. von Fritz Weber. (=Sozialistische Bibliothek 2/3), Wien 2000, 116-125 und 242-264.

Wandel des österreichischen Kapitalismus, sowie das Ende einer barock-(katholischen) Restaurationskultur sich abzeichneten, als sich aber nichtsdestotrotz die legitimistischen Gespenster der Vergangenheit im Zug der „Habsburg-Affäre“ zeigten, und als vor allem ein Signum der Nachkriegspolitik, die Verstaatlichungspolitik und der öffentliche Sektor bei allen Bekenntnissen zum ideologischen Konzept der „sozialen Marktwirtschaft“ schon zugunsten einer rein privatkapitalistischen Entwicklung, die dann ab Mitte der 1980er Jahre rapid einsetzte, zur Disposition standen?[58]

Das Expertenkollegium konstituierte sich im Dezember 1964 einige Monate, nachdem sein Formalvorsitzender **Josef Klaus** das Bundeskanzleramt übernommen hatte. Klaus galt als Vertreter jenes bürgerlichen „Reformerflügels“, der gesellschaftlichen Fortschritt im Weg eines technisch-rationalen Wissenschaftsverständnisses, einer propagierten „Verwissenschaftlichung der Politik“ bei gleichzeitigem Appell an einen konservativ katholischen Wertekanon vorantreiben wollte. Das – auf staatlicher Ebene überparteilich als „Experten“-Runde eingerichtete – Grundrechtskollegium nahm die Arbeit gleichsam als ein Vorzeigeprojekt des „aufgeklärten Konservativismus“ auf – getragen vor allem von den „modernistisch“ eingestellten bürgerlichen Eliten in Wissenschaft und Administration, die dann ihrerseits im Zeichen eines so genannten linksliberal-sozialdemokratischen „Zeitgeists“ im Gefolge von 1968, besonders aber des sozialdemokratischen Wahlsiegs 1970 vorübergehend in die Defensive gerieten.

Dementsprechend wurde die Grundrechtsreform im Zwölf-Punkte-Wahlprogramm der ÖVP im Jänner 1966 vorangestellt – Grundrechte als Schutz des bürgerlichen Individuums vor kollek-

---

58 Vgl. hier und im folgenden Robert Kriechbaumer: Die Ära Klaus. Aufgeklärter Konservativismus in den „kurzen“ sechziger Jahren in Österreich, in: Die Ära Klaus. Österreich in den „kurzen“ sechziger Jahren, hrg. von Robert Kriechbaumer, Wien-Köln-Graz 1998, 9-97, hier 53-55 und 83f.

tiver staatlicher und parastaatlicher Macht und als Schutz der sog. „kleinen Gemeinschaften“ (Familie etc.) so fordernd: „Was Österreich braucht, ist eine Reform, ein Ausbau und eine Sicherung der Grund- und Freiheitsrechte seiner Bürger. Bundeskanzler Dr. Klaus selbst steht an der Spitze eines Kollegiums hervorragender Wissenschaftler, die an der Reform der Grund- und Freiheitsrechte arbeiten. Durch diese Reform wird der Schutz eines jeden einzelnen Staatsbürgers vor totaler Staatsmacht, kollektiver Willkür und jeglichem Missbrauch von Macht garantiert und ausgebaut werden.“[59]

In seiner Regierungserklärung vom 20. April 1966 erklärte Klaus – nunmehr Kanzler der ÖVP-Alleinregierung – unter Betonung eines scheinbar politisch abgehobenen Rechtstaatskriteriums, des überhöhten abstrakten Einzelnen im Kampf gegen das ebenfalls abstrakte Kollektiv: „Eine die Gefährdung des Menschen in der Gegenwart in Rechnung stellende Neufassung und der weitere Ausbau der Grund- und Freiheitsrechte, die derzeit in mehreren Rechtsquellen aus verschiedenen Epochen enthalten sind, ist eine vordringliche Aufgabe der Verfassungsgesetzgebung.“ Hinsichtlich des Abschlusses der Grundrechtsreform stellte Klaus eine Fehlprognose. Die Grundrechtsreform der 1960er Jahre war nämlich nicht mehr vom Fortschrittselan des „verfassungsliberalen“ Bürgertums von 1867 getragen: „Die Arbeiten der beim Bundeskanzleramt eingerichteten Grundrechtskommission, die bereits zu wichtigen Teilergebnissen geführt haben, werden intensiv fortgesetzt und sollen nach Möglichkeit noch in dieser Legislaturperiode zur Ausarbeitung eines entsprechenden Gesetzentwurfes führen.“ Neben den „berufenen Faktoren“ soll auch die „breite Öffentlichkeit“ zu dieser Kodifikation Stellung nehmen. Dass eine Gesamtkodifikation nicht zustande kommen könnte, deutete Klaus selbst an, wenn er

---

59 Wahlprogramm der ÖVP vom Jänner 1966: „Schutz vor Machtmissbrauch durch Reform der Grund- und Freiheitsrechte“, abgedruckt in: Die Ära Klaus (wie Anm. 58), 325-335.

ausführte, dass notfalls zum Mittel der Teilreform gegriffen werden muss.[60]

In seinen 1971 veröffentlichten Erinnerungen bezeichnete Klaus die Grundrechtskommission als „Expertenkollegium aus Universitätsprofessoren, Vertretern der parlamentarischen Parteien und der weltanschaulichen Richtungen unter der Federführung des Verfassungsdienstes des Bundeskanzleramtes". Im Sinn seiner vermeintlich Interessen abgehobenen „Politik der Versachlichung" schilderte Klaus die Tätigkeit der Kommission als eine vom politischen Zusammenhang faktisch losgelöste, indem er sämtliche Widersprüche in ein allgemeines Freiheitsideal einebnete, was ihn vom „glücklichen Österreich" schwärmen ließ, wo „in einer noblen Atmosphäre gegenseitiger Achtung" Grundrechtsfragen diskutiert werden konnten: „Losgelöst von aktuellem tagespolitischen Geschehen, unter Anwendung sachlicher und wissenschaftlicher Gesichtspunkte, wurde in diesem Kollegium seit 1965 an einem Vorhaben gearbeitet, das im wahrsten Sinn des Wortes fachlich von höchster Wertigkeit und geschichtlich von säkularer Bedeutung ist. Allen Mitgliedern ging es um die Wahrung der Freiheit des einzelnen, und in dieser Grundfrage gab es – soweit ich sehen konnte – zwischen den politischen und weltanschaulichen Lagern keinen Unterschied; die wesentlichen demokratischen und rechtsstaatlichen Grundsätze bildeten das gemeinsame Fundament." Selbst jede rechtstheoretische Differenz schien Klaus weitgehend aufgehoben: „Auch in den rechtsphilosophischen Positionen gab es in dieser Hinsicht keinen Unterschied, ob Konservativismus, Liberalismus, Sozialismus, ob Naturrechtslehre oder Rechtspositivismus vertreten und verteidigt wurden: alle diese politischen Überlegungen bzw. Lehren gingen einig in der Überzeugung, dass Grundrechte die

60 Josef Klaus: Regierungserklärung vom 20. April 1966, in: Die Ära Klaus (wie Anm. 58), 337-354, hier 339.

Freiheit des einzelnen gegenüber staatlicher Macht und anderen Machtzentren neuer Art zu gewährleisten haben."

Dem oft an die „Parallelaktion" in Robert Musils „Mann ohne Eigenschaften" erinnernden „Dialog zwischen Wissenschaft und Politik" im Expertenkollegium entsprach auf der parteipolitischen Ebene die im Jänner 1966 präsentierte „Aktion 20" der ÖVP, der führende Professoren wie der Biochemiker Hans Tuppy, der Mediziner Karl Fellinger, der Jurist Günther Winkler, der Nationalökonom Stefan Koren oder der Soziologe Leopold Rosenmayr angehörten. Auch von hier sollte das Signal einer „ideologiefreien" Modernisierung im Stil reiner Rationalität und „Sachlichkeit" – jenseits von verpönten Gruppeninteressen – ausgehen.

Von einer nur gelegentlichen, aber charakteristischen „Philosophenrunde" um Josef Klaus, der die bürgerlich-katholischen, mehr oder weniger an der „abendländischen" Metaphysik orientierten Professoren Emerich Coreth SJ, Erich Heintel, Leo Gabriel und René Marcic angehörten, und vor allem vom politischen Beraterumfeld von Josef Klaus, der gelegentlich persönlich an den Tagungen des Grundrechtskollegiums teilnahm, wurden auch die maßgeblichen ideologischen Prämissen der Grundrechts-Reformarbeit geprägt, so vor allem die Ideologie vom Schutz „des Einzelnen" und der „kleinen Gemeinschaften" gegen das anonyme Kollektiv, die Ideologie des „Personalismus", des der gesellschaftlichen Misere, des parlamentarischen Kampfs entrückten „Rechtsstaats". Klaus – dessen Auffassung durchaus die dominierende Strömung im Expertenkollegium widerspiegelt – führte in den Erinnerungen sämtliche Leitmotive dieses neokonservativen Reformismus an. Klaus' neuer „kämpferischer Personalismus" beanspruchte die „Würde und Freiheit des Menschen": „Das Maß des Menschen, die Mitte des Menschen, wird wieder gesucht. Der Personalismus wird zum Überwinder des Kollektivismus." Klaus reklamierte die Ideologie der „sozialen Mitte", der „freiheitlich-demokratischen Ordnung", die „Subsidiarität", sprach vom „Der Mensch – Maß und Mittelpunkt der Politik", agitierte wider „Entpersönlichung und Nivellierung".

Unter dem Zwischentitel „Die Verbindung von Rechtsstaat und Demokratie" zitierte Klaus, der das Schreckgespenst einer die „absolute Herrschaft des Rechts" unterwandernden „Maßnahmengesetzgebung", die Gefahren des „Mehrheitsprinzips" zeichnete, die Rechtsstaats-Anbetung des Schweizer Staatsrechtlers Max Imboden (1915-1969): „'Die Verbindung von Demokratie und Rechtsstaat, von Vorherrschaft der Mehrheit und Autorität des Rechts ist die eigentliche Aufgabe der Gegenwart.' (....) Solche klassischen Schlüsselsätze, wie dieser des Schweizer Staatsrechtslehrers Max Imboden, verdienen es, in Stein gemeißelt (...) und immer gelesen zu werden. (...). Das Rechtsstaatsprinzip war für mich zur Kontrolle und Korrektur des Mehrheitsprinzips geworden. Nicht nur die aus dem Naturrecht herübergenommenen Grund- und Freiheitsrechte, sondern eine ganz Reihe weiterer rechtsstaatlicher Einrichtungen, wie die Kontrolle aller Staatsakte durch unabhängige Gerichte und die bedingungslose Achtung vor gerichtlichen Entscheidungen, vor allem jener der Höchstgerichte, die Verantwortlichkeit der Regierung gegenüber der Volksvertretung, die Gesetzmäßigkeit der Verwaltung und die Unabhängigkeit der Gerichte, wurden in meinen Augen mehr und mehr zu Garanten für den Schutz der Demokratie vor machtstaatlichen und außerstaatlichen Eingriffen."[61]

---

61 Über Klaus' Grundrechtsreform und über Aufstieg und Niedergang der „Aktion 20" vgl. Josef Klaus: Macht und Ohnmacht in Österreich. Konfrontationen und Versuche, Wien-München-Zürich 1971, 53-61, 110-121, 171-175, über Marcic 185. – Vgl. auch Josef Klaus: „Ich ging den anderen Weg". Zeitzeugengespräch Frühjahr 1999 [geführt von Helmut Wohnout und Michael Gehler], in: Demokratie und Geschichte. Jahrbuch des Karl von Vogelsang-Instituts zur Erforschung der Geschichte der christlichen Demokratie in Österreich, hrg. von Helmut Wohnout 3 (Wien 1999), 13-62, hier 19-24 über Klaus' frühe studentische, euphorische Nähe zu „Quadra-

Geschäftsführender Vorsitzender des Expertenkollegiums für Probleme der Grund- und Freiheitsrechte war **Edwin Loebenstein** (1911-1998, 1934 Eintritt in die Finanzprokuratur, 1937 Verfassungsreferent im Bundeskanzleramt, 1938 als Mitglied der Administration des austrofaschistischen „Ständestaats" Karriereeinbruch, ab 1945 Leiter des Verfassungsdiensts, ab 1956 in der Eigenschaft als Sektionschef bis zur Ernennung zum Präsidenten des Verwaltungsgerichtshofs 1973). Aus Familientradition verkörperte Edwin Loebenstein das „altösterreichische" Beamtentum, der Vater schon Sektionschef, ein Vorfahre war der Strafrechtsreformer Anton Hye Freiherr von Glunek, wie in den biographischen Würdigungen nicht ohne Hintersinn stets betont wird. Loebenstein gehörte damit einer hoch qualifizierten Beamtenelite an, die sich stets als über den politischen Konflikten stehend stilisierte und sich so als unabhängige „Diener des Staates" über den Parteien und Interessen verstanden. Ludwig Adamovich und Alfred Kobzina umschreiben 1991 sichtlich zustimmend ein Mitglied der österreichischen Hochbürokratie, die auf „Diskretion" und „Noblesse" stets Wert legte: Loebenstein „war und ist fest überzeugt von der eigenständigen Funktion des Rechts in der Welt des Politischen und handelte gemäß dieser seiner Überzeugung." Es ist für die ideologische Prägung der Grundrechtsreformkommission nicht unwesentlich, wenn Ludwig Adamovich als Präsident des Verfassungsgerichtshofs 1998 über Loebensteins Verankerung im österreichischen Traditionskatholizismus unter Betonung von dessen „konservativer Gesinnung", die auch vom sozialdemokratischen Bundeskanzler Bruno Kreisky anerkannt worden sei, so schreibt: „Edwin Loebenstein war bekennender und praktizierender Katholik, obwohl er nie viel Aufhebens darum machte. Aber völlig zu Recht hat Bischof Dr. Krätzl beim Requiem betont, wie wichtig ihm die Bereinigung der zwischen Staat und

gesimo anno", zum reaktionär katholischen „Naturrecht" von Johannes Messner, etc.

Kirche entstandenen Konflikte war." Zur rechtstheoretischen Position von Loebenstein bemerkt Adamovich, dass Loebenstein trotz seiner konservativen Moralprinzipien als „Mann des positiven Rechts" jede naturrechtliche Spekulation abgelehnt hat und ein Anhänger der Trennung von Moral und Recht in der Linie von Hans Kelsen war, „den er hoch schätzte, ohne freilich dessen agnostische Grundhaltung zu teilen".[62]

Sein spätes Grundrechtsreformdenken legte Loebenstein wiederholt dar, besonders programmatisch 1986 in den „Juristischen Blättern" unter dem Titel die „Zukunft der Grundrechte". Unter Polemik gegen soziale Grundrechte als Ausdruck einer „Selbstbedienungsladen"-Mentalität, forderte Loebenstein auch für die Zukunft den Vorrang der klassisch-liberalen Grundrechte ein: „Die Worte des Schweizer Staatsrechtslehrers Kaegi: ‚Die Freiheit und Würde des Menschen ist der unantastbare Kern aller Freiheit' sind eine Maxime, die wohl auch für die Zukunft der Grundrechte, wenn sie überhaupt eine solche noch haben wollen, zu gelten hat."[63]

Loebenstein vertrat in der Grundrechtsreformkommission als Leiter des Verfassungsdiensts auch die Bundesverwaltung, während die Länderverwaltungen in der Person des Kärntner Hofrats **Hel-**

---

62 Vgl. Ludwig Adamovich: Edwin Loebenstein zum Gedenken, in: Juristische Blätter 120 (1998), 710f. – Über Edwin Loebenstein vgl. ferner Ludwig Adamovich – Alfred Kobzina: Präsident des Verwaltungsgerichtshofes i.R. Honorarprofessor Dr. Edwin Loebenstein – 80. Geburtstag, in: Der Rechtsstaat in der Krise. Festschrift Edwin Loebenstein, Wien 1991, IX-XI und Schriftenverzeichnis 179-182. – Zu dieser Sicht autobiographisch Edwin Loebenstein: „Meine" Zweite Republik. Erinnerung und Erfahrung. Der Beamte, in: Politik in Österreich. Die Zweite Republik: Bestand und Wandel, hrg. von Wolfgang Mantl, Wien-Köln-Graz 1992, 932-943. – Vgl. zur (intellektuellen) Familiengeschichte der Loebenstein auch Viktor Liebscher: Herbert Loebenstein – 75 Jahre, in: Österreichische Juristen-Zeitung 44/13a (1989), 6-9.

63 Vgl. Edwin Loebenstein: Die Zukunft der Grundrechte, in: Juristische Blätter 108 (1986), 137-143.

muth Lora (gest. 1982 im Alter von 68 Jahren)[64] und des zwischen 1957 und 1981 als oberösterreichischer Landtagsdirektor und Leiter des Präsidiums beim Amt der Landesregierung wirkenden **Alfred Kaltenberger** (gest. 1998)[65] zwei Vertreter entsandten.

Wie Loebenstein entstammt auch **Friedrich Lehne** (Jg. 1913, Sohn des letzten Leiters des Ministeriums für Landesverteidigung in der Monarchie, der spätere Sektionschef Dr. Friedrich Lehne) aus der katholisch orientierten Führungsbürokratie. Lehne (Dr.jur. 1937, zuvor 1935 auch Absolvent des Kurses des Instituts für österreichische Geschichtsforschung, deshalb in der Folge neben juristischen auch rechtshistorische Forschungen) war 1939 nach der „Verordnung zur Neuordnung des österreichischen Berufsbeamtentums“ aus dem Konzeptdienst der Stadt Wien entlassen worden. 1946 trat Lehne als Präsidialsekretär in den Verwaltungsgerichtshof ein, dem er fortan hauptberuflich, ab 1955 als Richter, Senatspräsident und schlussendlich als Vizepräsident angehörte.

Offener als Loebenstein exponierte sich Lehne als Anhänger des (politischen) Katholizismus, als Funktionär des „Österreichischen Katholikentages“, was Ludwig Adamovich 1993 in einer biographischen Würdigung offen ansprach, indem er unter Hinweis auf Lehnes päpstliche Auszeichnung schreibt: „Zwischen dem Menschen und dem Rechtswissenschaftler Friedrich Lehne gibt es keine Trennungslinie. Er ist mit ebensoviel Engagement als korrekter Vollzieher der staatlichen Rechtsordnung, als Rechtspolitiker und

64 Helmuth Lora, geb. in Ferlach/Kärnten, Dr.jur. Wien, ab 1946 im Landesdienst, u.a. als Leiter des Kärntner Landtagsamtes, dann bis 1976 Leiter der Rechtsabteilung der Kärntner Landesregierung, wissenschaftliche Abhandlungen zur Gemeindeordnung. – Nach „Kärntner Landeszeitung“ vom 23. Dezember 1982.

65 Über Alfred Kaltenberger nach Auskunft der Oberösterreichischen Landtagsdirektion, Mai 2002.

als Katholik aufgetreten, ohne dass es einen Bruch zwischen diesen Rollen gegeben hätte."[66]

In der für das Fach „Verfassungslehre" eingereichten Innsbrucker Habilitationsschrift „Demokratie ohne Illusionen" (Wien 1967) übte Lehne bürgerliche Demokratie- und Pluralismuskritik. Die Demokratie in ihrer liberal-relativistischen Form schien Lehne gefährdet, der Gefahr des „totalen Staats" – wie er ihn unter Gleichsetzung von Sozialismus und Faschismus sah – ausgesetzt. Ohne Wertbindung, ohne eine neue politische Moral, ohne Akzeptanz der Suprematie des Rechts über dem Mehrheitsprinzip, ohne Orientierung an christlichen und humanistischen Idealen schien Lehne das „Unbehagen in der Demokratie" über Hand zu nehmen. Hoffnung schöpfte Lehne aus dem „Subsidiaritätsprinzip" der Enzyklika „Quadragesimo anno", „nach dem die Eigenverantwortung der kleineren Gemeinschaften im Hinblick auf den primären Gedanken der Eigenverantwortung der Person gewahrt werden muss". Die Entwicklung zu einem unverbrüchlichen, der demokratischen Revision entzogenen „Rechts"-Gedanken sah Lehne – wie er auch im Expertenkollegium durchblicken ließ – in der Enzyklika „Pacem in terris" so vollendet: „Ebenso neu ist die Situation, die dadurch gekennzeichnet ist, dass die an alle Menschen guten Willens gerichtete Friedensenzyklika Papst Johannes XXIII. bei ihrer Darlegung der Menschenrechte als der Grundlage des Friedens die Formulierungen der Erklärung der Vereinten Nationen weitgehend übernimmt, ihnen aber zugleich eine viel tiefere Begründung und damit Festigung zuteil werden lässt." Um eine auf der „Würde des Menschen" beruhende „pluralistische rechtsstaatliche Demokratie" zu retten forderte Lehne das „Engagement des Christen und Humanisten". Katholisch-konservativ, die Nihilismus-These andeutend formulierte Lehne: „Politik aus dem Glauben und Politik aus Hu-

66 Ludwig Adamovich: Friedrich Lehne – 80 Jahre, in: Juristische Blätter 115 (1993), 450f.

manität sind einander verwandt. Von den möglichen Tragödien eines Humanismus ohne Gott soll hier nicht die Rede sein." Im Streit zwischen Naturrecht und Rechtspositivismus wollte Lehne nicht eindeutig Stellung nehmen, obwohl er dem Positivismus der zweiten Hälfte des 19. Jahrhunderts Wertagnostizismus und damit Machtstaatsnähe unterstellte. Obwohl Lehne der vor allem dem ehemaligen „Relativisten" Gustav Radbruch nach 1945 zugeschriebenen Positivismus-Kritik, wonach der Rechtsformalismus die Juristen 1933 „wehrlos" gemacht habe, zuneigt, sah Lehne die restaurative Naturrechtsrenaissance mit Blick auf die Rechtssicherheit distanziert. Schließlich ließe sich auch mit jüngeren Entwicklungen der „Reinen Rechtslehre" Kelsens ein gewisses „Minimum an Sittlichkeit" verfechten.[67]

Mit **Hans Weiler** (1920-1966, aus einer Wiener Postangestelltenfamilie), seit 1949 Mitglied des Verfassungsdiensts, kam ein weiterer – im Cartellverband herangewachsener – Vertreter des bürgerlich-katholischen Lagers, der „katholischen Sozialreform" zum Zug. Hans Klecatsky, der 1958 mit Weiler ein großes „Österreichisches Staatskirchenrecht" herausgegeben hatte, schrieb im Nachruf 1966: „Gott war er ergeben. Als Katholik war [Weiler] überzeugt, dass er auch zum aktiven katholischen Handeln in der Welt verpflichtet sei."[68]

Aus der Reihe der ins Expertenkollegium nominierten Parteienvertreter war **Karl Kummer** (1904-1967, Sohn eines später zu einem kleinen Wiener Hausbesitzer aufgestiegenen Kammerdieners) als Vertreter des politischen Katholizismus, der „christlichen Sozi-

---

67 Friedrich Lehne: Demokratie ohne Illusionen, Wien 1967, hier u.a. 50f., 86f., 131f., 148f.

68 Zit.n. Hubert Raschauer: In Memoriam Hans Weiler (mit Schriftenverzeichnis), in: Im Dienste von Freiheit und Recht. Gedenkschrift für Hans Weiler 1920-1966, hrg. von Hans R. Klecatsky und Friedrich Kohl, Berlin 1976, 11-15.

alreform“ exponiert. Der Jurist Kummer, der zwischen 1934 und 1938 auf den austrofaschistischen „Ständestaat“ als vermeintliche Überwindung des Klassenwiderspruchs im Sinn einer illusionären Harmonie zwischen Kapital und Arbeit gesetzt hatte, der auch nach 1945 die „antimarxistische“ Seite des Austrofaschismus als historisch notwendig verteidigte, dessen Bild der „sozialen Frage“ von der katholischen Karl Vogelsangschen Liberalismus-Kritik geprägt war, und der dies nach 1945 abgewandelt als Einsatz für soziale Marktwirtschaft und für „Sozialpartnerschaft“ wider den „Klassenkampf“ übernahm, leitete seit 1953 gemeinsam mit August Maria Knoll ein „Institut für Sozialpolitik und Sozialreform“, das spätere „Dr. Karl Kummer-Institut“.

Kummer – als Arbeiterkammerfunktionär im „Ständestaat“ schon auf Josef Klaus gestoßen – 1938 vorübergehend verhaftet, war dabei zweifellos als mittelloser Werkstudent vom Arbeitslosenelend der „Weltwirtschaftskrise“, konkret vom Elend der Simmeringer Barackenlager der Ausgesteuerten, das er sozialkaritativ zu bekämpfen half, geprägt.

Obwohl Karl Kummer – seit 1956 Nationalratsabgeordneter der ÖVP[69]- durchaus zur Kenntnis nahm, dass die Zerschlagung der Arbeiterorganisationen 1934 Lohn- und Sozialabbau erleichtert hatte, setzte er – ohne politische Konsequenz – weiter auf die katholische Sozialideologie der päpstlichen Rundschreiben „Rerum novarum“ (1891), „Quadragesimo anno“ (1931) und entsprechend adaptiert von „Mater et magistra“ (1961). Noch 1958 hielt Kummer an „Quadragesimo anno“ fest, bloß bedauernd, dass die „Tragik“ die-

69 Weitere ÖVP-Vertreter im Expertenkollegium waren: **Alexander Nemecz** (1905-1981), Dr.jur. Univ.Graz 1929, Rechtsanwalt in Oberwart/Burgenland seit 1936, Funktionär des ÖVP-Wirtschaftsbundes, von 1945 bis 1966 fast durchgehend VP-Nationalratsabgeordneter. – und: **Michael Graff** (Jg. 1937), Dr.jur. Univ.Wien 1959, Kabinettsmitarbeiter von Bundeskanzler Klaus, Rechtsanwalt in Wien, von 1982 bis 1987 Generalsekretär der ÖVP.

ser Enzyklika in ihrer Koppelung mit dem „autoritären Regime“ gelegen war.

Die Kapitalismuskritik des Moraltheologen und Jesuiten Johannes Kleinhappl SJ, der wegen seiner Ablehnung der klerikalfaschistisch wirksam gewordenen Enzyklika „Quadragesimo anno“ 1947 von der Innsbrucker Professur enthoben wurde, teilte Kummer nicht. Kleinhappl hatte sich gegen die bloß rhetorische Kritik der bürgerlichen Gesellschaft und deren faktische ideologische Verewigung in „Quadragesimo anno“ gewandt. Kleinhappl warf der christlichen Sozialreform in der von Kummer vertretenen Version vor, sich am Kapitalismus zu orientieren, sich nicht vom „kapitalistischen Denken“ lösen zu können. Während Kummer auf betriebsgemeinschaftliche „Werkgenossenschaften“ setzte, forderte der von der Katholischen Kirche isolierte Kleinhappl Sozialisierungen.

Kummer, der an mancher sozialpolitischer Errungenschaft der Zweiten Republik beteiligt war, zog sich hingegen auf die traditionell klassenversöhnlerischen Positionen der katholischen Sozialreform zurück, sprach vom „dritten Weg“ nach dem Motto „Weder Kapitalismus noch Sozialismus“, weder „individualistischer Liberalismus“ noch „sozialistischer Kollektivismus“. Die „soziale Frage“ sollte durch breite „Arbeitereigentumsbildung“ zwecks Hintanhaltung der „Proletarisierung“ gelöst werden.

Kummers politische Funktion im Expertenkollegium war es, als politischer Weggefährte von Bundeskanzler Klaus Sozialreform im Sinn einer christlichen Personalismus-Ideologie zu vertreten, die von der „Welt des Materialismus“ bedrohte „Persönlichkeit“ zu verteidigen, wie dies Kummer – sein Programm knapp zusammenfassend – 1957 im Nationalrat auf den Punkt gebracht hatte: „Liberalismus und Kollektivismus haben sich als Irrtümer erwiesen, da beide den Menschen von einem ihm von der Natur aus vorgezeichneten Weg weggeführt haben. (...) Dagegen steht wie ein Fels in der Brandung des Meeres die Lehre christlicher Sozialreform. Sie hat Ewigkeitswert, weil sie von der natura humana ausgeht.“

In Fragen der sozialen Grundrechte und der Mitbestimmung verfocht Kummer das Subsidiaritätsprinzip, dabei eine staatliche Sozialpolitik immer als „Versorgungsstaat von oben" diskriminierend. Die Mitbestimmung wollte Kummer auch „subsidiär" auf der Ebene der „verantwortungsvollen", „entpolitisierten" betrieblichen Gemeinschaft – frei von überbetrieblich gewerkschaftlichem Einfluss organisiert sehen. Kummers pointiert die antimarxistische Linie des „Ständestaats" über 1945 hinaus fortsetzende, den Klassenkampf als überwunden hinstellende „Betriebsgemeinschaft" ließ den KPÖ-Abgeordneten Ernst Fischer 1957 im Nationalrat zwischen rufen, Kummers versöhnlerische Soziallehre erinnere an das „schöne Wort: Gehen wir zusammen angeln, sagte der Angler zum Wurm!" Rosa Jochmann (SPÖ) kommentierte Kummers sozialpazifistische Haltung mit einem: „Sie sollen alle das Recht haben unter der Brücke zu schlafen!"[70]

Dominiert wurde das Expertenkollegium seiner Konzeption gemäß von bürgerlichen Rechtswissenschaftlern, deren Spektrum in Schattierungen und Varianten von bürgerlich-konservativ bis bürgerlich-liberal reichte, teils naturrechtlich-(restaurativ), teils rechtspositivistisch gesinnt, teils mehr demokratisch-parlamentarisch, teils rechtsstaatlich, aber auch richterstaatlich ausgerichtet.

So verfocht vor allem **René Marcic** Richterstaatsgedanken. Marcic war mit Klaus aus gemeinsamen Salzburger Jahren – Klaus als Landeshauptmann, Marcic als (Chef-) Redakteur der einflussreichen „Salzburger Nachrichten" – bekannt, wie Klaus in seinen Erinnerungen notiert: „Gegen Ende seines Lebens [1959] wurde

70 Vgl. zum Voranstehenden Erwin Bader: Karl Kummer. Ein Leben für die Sozialpartnerschaft, Wien 1993, vor allem 21, 26, 45 und „Im Dienste der Sozialreform. Festschrift für Karl Kummer", hrg. von Anton Burghardt u.a., Wien 1965. – Sowie Karl Kummer: Rede im Nationalrat am 9. Dezember 1957, in: Stenographische Protokolle des Nationalrats VIII. GP., 45. Sitzung, 9. Dezember 1957.

[Gustav] Canaval [Mitbegründer der „Salzburger Nachrichten"] mir gegenüber immer hilfreicher. (...) Die meisten seiner Mitarbeiter und Schüler sind später meine persönlichen Freunde geworden, Marcic, Thür, Ritschel, Dalma, Bacher an der Spitze."

Der seit 1945 in Österreich lebende Exilkroate René Marcic (1919-1971), der die Jahre des NS-Faschismus als Stipendiat und Kulturattaché des kroatischen Ustascha-Regimes in Wien verbracht hatte, habilitierte sich 1959 an der Universität Wien für Allgemeine Staatslehre. 1963 zum Ordinarius für Rechts- und Staatsphilosophie an der Universität Salzburg ernannt war Marcic einer der entscheidenden (politischen) Gründungsprofessoren dieser wieder errichteten Hochschule. In einer Ministerialeingabe widersprach Marcic politischen Angriffen: „Ich war nie Mitglied, nie organisierter Ustascha."[71]

Marcic geriet in den späten 1960er Jahren vor allem wegen einer offen antisemitischen, im Dezember 1949 in den „Salzburger Nachrichten" erschienenen Verteidigung von Ernst Jünger in die Kritik. Ernst Jüngers, die nazistische Okkupation verklärendes Pariser Kriegstagebuch „Strahlungen" verteidigend, hatte Marcic gegen den Jünger-Kritiker Peter de Mendelssohn geschrieben, Jünger dürfe zum „Abendland", zu Deutschland sprechen, hingegen: „Men-

71 Archiv der Republik Wien, Unterricht, Personalakt René Marcic. Vgl. Hans Klecatsky: Nachruf auf René Marcic, in: Juristische Blätter 93 (1971), 566-569 oder der den Intentionen von Marcic folgende Gedenkartikel von Peter Schneider: René Marcic, in: Archiv für Rechts- und Sozialphilosophie 59 (1973), 207-220. Byzantinisch-obskur über Marcic – dessen Richterstaatsideologie nur in ihren radikalsten Auswüchsen kritisierend – schreibt Norbert Leser: René Marcic, in: Norbert Leser: Grenzgänger I. Österreichische Geistesgeschichte in Totenbeschwörungen, Wien-Köln-Graz 1981, 75-88. Von einem fromm römisch-katholischen Standpunkt über Marcic ähnlich wie Leser vgl. Erwin Bader: René Marcic und der Richterstaat, in: Zwischen Austromarxismus und Katholizismus. Festschrift für Norbert Leser, Wien 1993, 123-136.

delssohn möge in die Vergangenheit versinken, aus der er auch gekommen war. Er hat nicht das Recht, zu uns zu sprechen."[72]

In der juristischen Fachliteratur hatte sich Marcic politisch erstmals 1956 durch eine Hymne auf das KPD-Verbotsurteil – mit einer auch in seinen Wortmeldungen im Expertenkollegium wiederholten Position – exponiert. Marcic erhob das KPD-Urteil des bundesdeutschen Verfassungsgerichts von 1956 in den Rang einer metaphysisch „abendländischen" Erleuchtung, getroffen von einem der „erlesensten Richterkollegien". Marcic machte aber auch deutlich, worum es ihm abseits seiner gedanklichen Zufluchtnahmen zur griechischen Rechtsmetaphysik (u.a. Solons Eunomia) konkret ging: Um eine Verklärung der Richterstaatsidee jenseits der sozialen Demokratie, die schon hier 1956 als „totaler Sekuritätsstaat" diffamiert wird, und schlussendlich – über das Verbot der KPD hinaus – um eine auf reaktionäre philosophische Gutachten (I.M.Bochenski, G.Wetter) gestützte Delegitimierung der sozialistisch-marxistischen Position schlechthin.[73] Unter dem Titel der „freiheitlichen Demokratie", der von aller gesellschaftlichen Widersprüchlichkeit gereinigten pathetischen Kategorie der „Würde des Menschen" und eines „jus resistendi", das in Wirklichkeit gerade umgekehrt die Kapitulation vor dem Nazifaschismus und das Zuarbeiten zur Nazi-Barbarei seitens der bürgerlichen Rechtswissenschaft verdeckte, holte Marcic zu einer Apologetik einer richterstaatlich geprägten „streitbaren Demokratie" aus, der es angeblich

72 Vgl. Fritz Hausjell: „Das waren Sätze, die uns wirklich ins Tiefste erschreckt haben." Ein Gespräch mit der Publizistin Hilde Spiel über das Bedenkjahr 1988 und den umstrittenen René Marcic-Preis für Publizistik, in: Medien & Zeit 1/1989, 13-17. – Vgl. zum Umfeld Fritz Hausjell/Oliver Rathkolb: „Was unsere Zeit vor allem braucht, ist Geist der Versöhnung der Volksgemeinschaft." Ein Beitrag zur Biographie des Journalisten Alfons Dalma [eigentlich: Stjepan Tomicic], in: Medien & Zeit 1/1989, 18-26.

73 Vgl. Alexander von Brünneck: Politische Justiz gegen Kommunisten in der Bundesrepublik Deutschland 1949-1968, Frankfurt 1978.

obliegt, den „Totalitarismus von links und rechts“ in Schach zu halten. Den historisch-konkreten Umstand, dass es die sozialistisch-kommunistische Arbeiterbewegung und die spätestens ab 1929 zunehmend ihrer arbeitskampfrechtlichen Mittel beraubte Gewerkschaftsbewegung waren, die gegen den Hitler-Faschismus kämpften, verdrehte Marcic Geschichte klitternd, indem er erklärte, die Weimarer Demokratie sei an ihrer politischen „Indifferenz“ gescheitert, das dürfe sich nicht mehr wiederholen, folglich sei das KPD-Urteil rechtmäßig.

Den die rechtsautoritär faschistische Entwicklung besonders befördernden „Notverordnungsartikel“ 48 der Weimarer Reichsverfassung übersah Marcic. Er bediente sich zur Delegitimierung der antifaschistischen Linken der Mittel der „Totalitarismustheorie“, d.h. der Gleichsetzung mit dem Nazismus. In der antidemokratischen Rechtsstaatsideologie obrigkeitlich orientierter deutscher Staatsrechtler sah er dementsprechend in Anknüpfung an den restaurativen Juristengeist der 1950er Jahre – die Geschichte von 1933 auf den Kopf stellend – den adäquaten „Verfassungs- und Demokratieschutz“. Marcic zeigte sich erfreut, dass „der Rechtsstaat“ das „Kleid einer streitbaren Demokratie“ anlegt. Unter Berufung auf die „Toleranzformel“ Papst Pius XII. begrüßte Marcic, dass „die freiheitlichen Demokratien“ die „verfassungsfeindlichen Parteien aus dem politischen Leben“ ausschalten. Marcic huldigte dem KPD-Verbot politisch opportun als einem Ringen um „politische Toleranz“, dem „Sublimsten an diesem historischen Dokument“, wie es das KPD-Urteil anbetend hieß. Sein Konzept einer „streitbaren Demokratie“ empfahl Marcic auch als Vorbild für eine österreichische Verfassungsreform, damit unausgesprochen – so auch im Expertenkollegium – ein mögliches KPÖ-Verbot in den

Raum stellend, ohne Rücksicht auf die antifaschistische Unabhängigkeitserklärung vom April 1945.[74]

Eine Schlüsselarbeit der juristischen Nachkriegsdebatte wurde Marcics Habilitationsschrift „Vom Gesetzesstaat zum Richterstaat" (1957): Der „Richterstaat" wird von Marcic geradezu „ontologisch" begründet, indem er die konkreten Widersprüche des spätkapitalistischen Verfassungsrechts in die „abendländische" Metaphysik, in eine „aristotelisch-thomistische Linie" entrückt.

Im von Theodor Adorno gebrandmarkten „Jargon der Eigentlichkeit" – Marcic spricht unablässig vom „seinsorientierten Denken" – leitet er aus Thomas von Aquin und Martin Heidegger eine irrationale „Fundamentalontologie" des Rechts ab: Marcic imaginiert jenseits aller gesellschaftlichen Antagonismen ein Recht gegründet in der „Ordnung des Seienden" – jenseits von bloßem Willen und auch jenseits der bloßen „Vernunft Gottes oder des Menschen", das Recht wird zur erkennbaren „normativen Emanation der lex naturae", der „lex aeterna", zum Naturrecht im Sinn einer „Ordnung des Seienden im Ganzen".

Im Sinn der postfaschistischen, gegen die Ansprüche der Arbeiterbewegung, gegen den als „Sekuritätsstaat" diffamierten Sozialstaat gerichteten Restauration präsentierte Marcic eine Metaphysik vom präpositiven „seins-, freiheits- und wahrheitsbezogenen" Recht. Politisch lag Marcic damit sogar offensiv vorne im Trend der bürgerlichen Rechtswissenschaft. Dass er sich den Widerwillen der Zunft zuzog, lag mehr an seinem groben Umgang mit der konventionellen Dogmatik der akademischen Juristen. Durchgehend ersetzte Marcic rational-sozialwissenschaftliche Gesellschaftsanalyse durch düstere Geschichtsapokalypse, durch unendliche Klagen gegen den Materialismus, der als aktuelle Hauptgefahr den Kommunismus der Gegenwart heraufbeschworen habe, durch Mahnrufe

74 Vgl. René Marcic: Das KPD-Urteil. Die Lehre von der streitbaren Parteiendemokratie, in: Juristische Blätter 78 (1956), 548-554.

gegen eine Subjektivismus, Individualismus aber auch Kollektivismus produzierende „Neuzeit".

Eingebaut in eine Rechtsmetaphysik präsentierte Marcic seine selbst die bürgerlich demokratische Verfassung in Frage stellenden rechtspolitischen Forderungen, sein Plädoyer für einen „Parlamentarismus im senatorialen Sinn". Der „Gesetzesstaat" werde durch den „Richterstaat" ersetzt. Marcic deutete Umrisse einer überzogenen Verfassungsgerichtsbarkeit an, so ein universelles Normprüfungsrecht des Verfassungsgerichtshofes jenseits konkreter Anlassfälle, so ein Verbot jeden Eingriffs in Richtersprüche durch Gesetz. Schon 1952 hat Marcic in den „Juristischen Blättern" unter Kritik der Weimarer Verfassung, die „an keinerlei überpositive Normen gebunden" war, sowie unter Kritik einer von Karl Bergbohm bis Gerhard Anschütz reichenden positivistischen Tradition, wonach selbst jede „prinzipielle Änderung des Verfassungssystems" zur Disposition des Gesetzgebers steht, die „überpositive Geltung des Rechtes schlechthin (‚Naturrechtes')" im Bonner Grundgesetz gelobt und daraus folgernd das Karlsruher Bundesverfassungsgericht – als Vorbild der österreichischen Verfassungspolitik – nicht nur zur „höchsten Staatsgewalt", sondern auch zum „Wahrer des Naturrechts" ernannt. Der über dem „Gesetzesstaat" stehende „Richterstaat" werde getragen von der „staatspolitischen Elite der Gegenwart", dem „Richterstand" als der „Aristokratie von morgen": „Wir sind unterwegs zum Richterstaat."[75] Die NS-Blutrichter waren 1957 jedenfalls noch so unmittelbar präsent, dass die Richterstaatsmetaphysik von René Marcic von den antifaschistisch-

75 René Marcic: Vom Gesetzesstaat zum Richterstaat. Recht als Maß der Macht. Gedanken über den demokratischen Rechts- und Sozialstaat, Wien 1957, 9-12, 121-126, 268. – sowie unter Berufung auf die abendländische Metaphysik, ja sogar auf ein „persönliches Gespräch mit Heidegger" René Marcic: Das überpositive Recht im Bonner Grundgesetz, in: Juristische Blätter 74 (1952), 49-53.

demokratischen Kräften als Schlag ins Gesicht empfunden werden musste.[76]

Deutliche Kritik an Marcics „Richterstaat“ wurde auch von Seite der österreichischen bürgerlich akademischen Rechtszunft geübt. Marcics „Richterkönigtum“ wurde von Hans Klecatsky – einem Verfechter strikter Gesetzesgebundenheit im Sinn des Legalitätsprinzips – als naive und gefährliche Illusion vom „Richterabsolutismus“ hingestellt. In den „Juristischen Blättern“ widersprach Klecatsky 1959 Marcics gegen den „Parlamentsabsolutismus“ gerichteten „Areopag“-Gedanken: „Besteht nicht die Gefahr, dass das Recht im Munde der ‚Areopag'-Richter zum Tarnmittel politischer Machtansprüche entartet, wie es ja ohnedies dem uralten Gefälle entspricht?“ Klecatsky zitierte zustimmend Karl Renners Warnung aus Anlass des dreißigjährigen Jubiläums des Verfassungsgerichtshofes 1949: „Es liebt die Willkür sich in den Ornat des Rechtes zu kleiden.“ Klecatsky verglich die Gefahren, die vom „Richterstaat“ ausgehen, mit den Gefahren eines Rechts, das sich „gesundem Volksempfinden“ hingibt: „Der sich bei Marcic abzeichnende, potentielle Richterabsolutismus, gipfelnd in dem politisch ‚legitimierten' ‚Areopag' macht dem Rezensenten zu schaffen. Nicht, dass Marcic die Gefahr ignoriert. Doch würdigt er sie nur abstrakt, während der Rezensent sie als eine wirkliche erkennt.“[77]

Marcics restaurative Richterstaats-Position stieß selbst bei einem bürgerlich-konservativen Juristen wie Felix Ermacora auf Widerspruch, zu voreilig waren Marcics Angriffe auf die bürgerlich par-

---

76 Vgl. Eduard Rabofsky: Wider die Restauration im Recht. Ausgewählte Aufsätze und Artikel, Wien 1991, 21-80. Vgl. zu einer materialistischen Kritik Eduard Rabofsky: Rezension von René Marcic “Vom Gesetzesstaat zum Richterstaat“ (Wien 1957), in: Das Recht der Arbeit (hrg. von der Kammer für Arbeiter und Angestellte für Wien) 8 (1958), 53-57.

77 Hans Klecatsky: Der Staat von morgen. Eine Buchbesprechung [von René Marcics „Vom Gesetzesstaat zum Richterstaat“ (Wien 1957)], in: Juristische Blätter 81 (1959), 14-26.

lamentarische Demokratie, auf die wenigen sozialen Errungenschaften. Ermacora wies auf die Grenzen von Marcics naturrechtlichem Denken hin, auf Marcics oft irrelevante Quasi-Prolegomena zur Philosophiegeschichte. Ermacora widersprach der Marcic-These von einer geschichtlichen Linie, derzufolge „der Richterstaat nach und nach den Gesetzesstaat“ ersetzt.[78]

Ähnliche Einwände erhoben Marcics Wiener Habilitationsgutachter. Adolf Merkl kann am 20. Jänner 1958 dem Streifzug Marcics durch die Geschichte der Metaphysik den Vorwurf, „eklektischer“ und „aphoristischer“ Art zu sein, nicht ersparen. Wenig kann Merkl auch Marcics Neigung zur „Existenzphilosophie“, dessen „entschiedenem Bekenntnis zu Heidegger“ abgewinnen. Obwohl Merkl – wie auch Alfred Verdross und Walter Antoniolli – der Habilitation von Marcic zustimmt, wirft er diesem vor, das irreale „platonische Richterkönigtum“ zu postulieren und zwar ohne jede historisch-soziologische Analyse des modernen Richterstandes. Der Völkerrechtler Alfred Verdross erklärte am 23. Jänner 1958 in seinem Habilitationsgutachten: „Eine andere Frage ist es, ob [Marcic] nicht mit seinen Vorschlägen insoweit über das Ziel schießt, als er dem Verfassungsgerichtshof auch die Befugnis einräumen will, unter Umständen das positive Recht zu korrigieren.“ Einwände erhob Verdross gegen Marcic vor allem dort, wo dieser „im Anschluss an Martin Heidegger von Weisungen spricht, die uns aus dem Sein zugehen, ohne uns zu sagen, in welcher Weise das möglich ist“.[79]

Anhand von Marcics späterem Buch „Verfassung und Verfassungsgericht“ (1963) beklagte Robert Walter vom Standpunkt der „Reinen Rechtslehre“, dass die positivrechtlichen Ausführungen

78 Felix Ermacora: Rezension von René Marcic „Vom Gesetzesstaat zum Richterstaat“ (Wien 1957), in: Österreichische Juristen-Zeitung 13 (1958), 474-476.

79 Universitätsarchiv Wien, Rechtswissenschaftlicher Habilitationsakt René Marcic.

von Marcic durchgehend von „Undeutlichkeit und Ungreifbarkeit“, von „Scheinaussagen“ geprägt sind: Aussagen von der Art, das Verfassungsgericht sei der „Hirte der Rechtsgenossen“, die „Mitte des Gegenwartsstaates“, dienten „nicht der wissenschaftlichen Erkenntnis, sondern sind weithin bloße Wortmusik“. Marcics Annäherung an die „Reine Rechtslehre“ kommentierte Walter so: „Der Reinen Rechtslehre scheint nichts erspart zu bleiben: Sie hat die Bekämpfung durch die Naturrechtslehre überstehen müssen; nun muss sie noch deren allzu große – und nicht weniger gefährliche – Zuneigung erleiden.“ Groß war dann die Überraschung, als Hans Kelsen 1965 seinen Jüngern in der „Österreichischen Zeitschrift für öffentliches Recht“ offenbarte, dass er in Marcics Thesen über die Verfassungsgerichtsbarkeit einen „sehr wertvollen rechtstheoretischen Beitrag“ erkennt.[80]

Günther Winkler warf Marcic 1969 vor, in dessen Büchern „Vom Gesetzesstaat zum Richterstaat“ (1957) und „Verfassung und Verfassungsgericht“ (1963) „das geltende Recht in einer ontologischen Wesensschau naturrechtlich“ so umgedeutet zu haben, dass die „neue Strömung jedoch nicht einmal als Naturrechtslehre ernst zu nehmen“ ist. Winkler – zu diesem Zeitpunkt übrigens schon in das Lager der Kelsen-Skeptiker gewechselt – wirft Marcic ferner vor, „allgemeine ästhetisierende Formel[n]“ an die Stelle des rechtswissenschaftlichen Arguments zu stellen. Bei Marcic „herrscht mehr die Spekulation als die Empirie“: „Das positive Recht erfährt auf solche Weise seine Auflösung und seinen Ersatz durch Ideologie.“[81]

Die politisch und rechtsphilosophisch unterschiedlich einzuschätzenden Marcic-Kritiker Klecatsky, Ermacora, Winkler und

80 Robert Walter: Rezension von René Marcic „Verfassung und Verfassungsgericht“ (Wien 1963), in: Österreichische Juristen-Zeitung 19 (1964), 440f..

81 Günther Winkler: Wertbetrachtung im Recht und ihre Grenzen. (=Forschungen aus Staat und Recht 12), Wien-New York 1969, 22-25.

Walter gehörten ebenfalls als Vertreter der Wissenschaft, als Universitätsprofessoren der mittleren und jüngeren Generation dem Grundrechtskollegium an. Abgesehen von Robert Walter gehörten sie als „parteifreie“ Experten in unterschiedlicher Bindung dem ÖVP-Lager zu. Klecatsky war parteiunabhängiger Justizminister von 1966 bis 1970, Ermacora kandidierte 1970 als „Parteiloser“ auf der ÖVP-Liste zum Nationalrat. Günther Winkler war rechtswissenschaftlicher Experte der „Aktion 20“ der ÖVP.

Hans R. Klecatsky (Jg. 1920), seit 1945 Richter im Justizdienst, von 1951 bis 1959 im Verfassungsdienst tätig, dann bis 1965, bis zur Berufung auf das in der Nachfolge von Felix Ermacora vakante Ordinariat des Öffentlichen Rechts an der Universität Innsbruck (Hof-) Rat des Verwaltungsgerichtshofs, Ersatzmitglied des Verfassungsgerichtshofs, führt in einer 1990 veröffentlichten Autobiographie zweierlei intellektuelle Bildung an, einerseits das Rechtsstudium bei Wiener Lehrern wie Alfred Verdross, Karl Wolff, Heinrich Klang oder Ludwig Adamovich sen. und andererseits das für das rechtswissenschaftliche Arbeiten unmittelbar wirksame Studium von Autoren wie Ernst Jünger, Knut Hamsun, Ernest Hemingway, Albert Camus, das Interesse für den „Mythos des Einzelnen“, wohl auch die Lektüre von Arthur Schopenhauer oder Sören Kierkegaard, u.v.a.m. Unter den – gelegentlich auch im Expertenkollegium zitierten – Autoren finden sich also Vertreter der sog. „Konservativen Revolution“, aber auch Philosophen, die ein Georg Lukács in die Reihe des bürgerlichen Irrationalismus gestellt hatte. In Fragen der sozialen Auseinandersetzung bekannte sich Klecatsky zum Umfeld von Karl Kummers Institut für Sozialpolitik und Sozialreform, zur „christlichen Soziallehre“.[82]

---

82 Vgl. Hans R. Klecatsky: Autobiographie, in: Recht und Geschichte. Ein Beitrag zur österreichischen Gesellschafts- und Geistesgeschichte unserer Zeit. Zwanzig Historiker und Juristen berichten aus ihrem Leben, hrg. von

Rechtstheoretisch fällt an Klecatskys wissenschaftlichem Werk – neben der Orientierung an der Schweizer („freiheitlich"-demokratischen) Rechtsstaats-Theorie (Werner Kägi, Max Imboden, Zaccaria Giacometti, Hans Huber) vor allem der Einfluss Hans Kelsens auf: Die Beschäftigung mit Kelsen mündete 1968 in der von Klecatsky betriebenen großen Textausgabe der Wiener Rechtstheoretischen Schule (Kelsen, Merkl, Verdross) – gemeinsam mit René Marcic und Herbert Schambeck, die auf den ersten Blick auch nicht der „Reinen Rechtslehre" zuzuordnen sind.

Die Verteidigung des Legalitätsprinzips war über Jahrzehnte zentraler Leitgedanke im wissenschaftlichen und rechtspolitischen Denken von Klecatsky, verbunden mit der Kritik der sich in die Formen des Privatrechts flüchtenden staatlichen Wirtschaftsverwaltung und mit dem Versuch, den wirtschaftenden Staat hoheitsrechtlich zu binden.

Das optimistische Motiv von der „Bändigung" der Macht „mit den Mitteln des Rechts" taucht erstmals 1954 im Rahmen von Klecatskys Besprechung von Walter Antoniollis „Allgemeinem Verwaltungsrecht" auf: „Die kollektive Macht windet und bäumt sich in den Fesseln des Rechtes und wehe, wenn die Rechtswissenschaft in ihrer Wachsamkeit erlahmt." Hier verteidigt Klecatsky den aus der spätkonstitutionellen Verwaltungslehre stammenden Rechtstaatsbegriff eines Otto Mayer gegen ökonomische Imperative, polemisiert gegen die Ideologie einer „grundsätzlich gesetzesfreien Verwaltung", die sich über den „Ermessensbegriff" breit macht, plädiert für die unbedingte Bindung der Verwaltung, der Hoheitsverwaltung, der Privatwirtschaftsverwaltung und der Selbstverwaltungsbereiche an das Gesetz. Ein neuer rechtswissenschaftlicher Kampf für den „Rechtsstaat" ist zu entflammen: Ohne die rechtliche Gestaltung der Privatwirtschaftsverwaltung würden „allenfalls

---

Hermann Baltl, Nikolaus Grass und Hans Constantin Faußner, Sigmaringen 1990, 165-182.

wirtschaftliche, politische oder sonstige Strukturen entstehen – aber der Rechtsstaat ist verspielt." Ob dies mit den Rechtsformen der Verwaltungsrechtswissenschaft des spätkonstitutionellen Staats der Jahrhundertwende bewältigt werden kann, oder ob die „Krise der Verwaltungsrechtswissenschaft" unbehebbar ist, ließ Klecatsky offen.[83]

Das im Expertenkollegium unter eigener Tagesordnung (*Vgl. Protokolle, 174-197.*) abgehandelte Thema von der rechtstaatlichen Bindung des Sozial- und Wirtschaftsstaats, das Bild vom willkürlichen „Ermessensstaat" – im Expertenkollegium oft auch rechtsdogmatisch getarnte politische Kritik der im Gefolge der faschistischen Erfahrung durchgeführten Verstaatlichung und Sozialisierung – präzisierte Klecatsky 1957 in dem klassischen Aufsatz „Die Köpenickiade der Privatwirtschaftsverwaltung", wo er forderte, die Verwaltungsrechtswissenschaft auf jenen Bereich zu konzentrieren, der nach seiner Auffassung eine „beispielslose rechtliche Öde bildet: auf die staatliche Privatwirtschaftsverwaltung". Die Gleichstellung des Staates mit den Privatrechtssubjekten – einst fortschrittlich im Kampf gegen den absoluten Monarchen – habe sich zur „Einfallspforte" gegen den Rechtsstaat, zur Fluchtstelle aus der hoheitlichen Rechtskontrolle, also zur gefährlichen Fiktion, wonach der mächtige wirtschaftende Staat dem einzelnen Privatrechtssubjekt gleichsteht, entwickelt. Das von Teilen der traditionellen Verwaltungsrechtslehre gestützte „Ermessen" werde zur Stätte der Willkür, politischer und ökonomischer Opportunität. Das in Art. 18 (1) B-VG normierte Legalitätsprinzip sah Klecatsky von jener rechtswissenschaftlichen Richtung, die mit Blick auf den „Privatwirtschaftsartikel" 17 der Bundesverfassung das in Art. 130 (2) angesprochene freie Ermessen aufwertete, gefährdet. Klecatsky behaup-

83 Vgl. Hans Klecatsky: Allgemeines österreichisches Verwaltungsrecht. Eine Buch- und Lagebesprechung, in: Juristische Blätter 76 (1954), 473-479 und 503-508.

tete im Gegenteil – gleich Alfred Kobzina oder Kurt Ringhofer gegen Erwin Melichar –, die Ermessensidee von Art. 130 (2) ist historisch nur als Erweiterung der Kompetenzen des Verwaltungsgerichtshofs, als „Bollwerk“ gegen die „Vollziehungsfreiheit“ aufzufassen: „Nicht Verwaltungsfreiheit, sondern im Gegenteil: deren weitere Einengung, ist also der Normgehalt des Art. 130 (2) B.-VG.“

Wie dann im Expertenkollegium sprach Klecatsky als Anhänger der bürgerlichen Rechtsstaatsidee des späten 19. Jahrhundert im Zusammenhang mit der Privatwirtschaftsverwaltung von einer „gigantischen formalgesetzlichen Delegation“, von der „Ausschaltung des Legalitätsprinzips“, vom „Abbau des Rechtsschutzsystems“, von einer Pseudozurechnung der privatwirtschaftenden Akte zur staatlichen Rechtsordnung – erinnernd an Köpenick 1906, „als der inzwischen in die Dichtung eingegangene Schuster Wilhelm Voigt als Hauptmann verkleidet auftauchte“. Dem Einwand, eine rechtlich gebundene Privatwirtschaftsverwaltung sei ökonomisch ineffizient, vorab widersprechend forderte Klecatsky eine verfassungskonforme Regelung der wirtschaftlichen Verwaltung und eine Regelung des Kollektivvertragsrechts, das Klecatsky 1963 in einem Aufsehen erregenden Vortrag gleichsam als System verfassungswidriger Verordnungen außerhalb des Stufenbaus der staatlichen Rechtsordnung qualifizieren sollte: „Die Privatwirtschaftsverwaltung ist zu ihrem größten Teil nur formalgesetzlich und daher verfassungswidrig delegiert.“[84]

Im Mai 1965 – das Expertenkollegium hatte soeben im Jänner die Beratungen aufgenommen – ordnete Klecatsky die Grund-

---

84 Vgl. Hans Klecatsky: Die Köpenickiade der Privatwirtschaftsverwaltung, in: Juristische Blätter 79 (1957), 333- 341. Vgl. auch Hans Klecatsky: Die kollektiven Mächte im Arbeitsleben und die Bundesverfassung, in: Die kollektiven Mächte im Arbeitsleben, hrg. von Hans Floretta und Rudolf Strasser, Wien 1963, 29-41.

rechtsreform in seiner Innsbrucker Antrittsvorlesung „Hat Österreich eine Verfassung?“ in die allgemeine Verfassungsreformdebatte ein. Die 1957 initiierten Bemühungen um systematische Wiederverlautbarung des zersplitterten Verfassungsrechts waren Mitte der sechziger Jahre schon gescheitert, nicht zuletzt da eine Wiederverlautbarung im Weg über das Bundeskanzleramt wegen der Gefahr der Verfassungswidrigkeit gescheut wurde, eine Wiederverlautbarung nur im legislativen Weg über den einfachen oder gar über den Verfassungsgesetzgeber bewältigbar schien, ferner Bedenken auftauchten, dass selbst im Verlautbarungsfall rund fünf Dutzend Verfassungsvorschriften außerhalb des Textes des B-VG bleiben müssen, und dass überdies eine Wiederverlautbarung sich nicht nur wegen der erhofften Grundrechtsreform, sondern auch wegen anderer politisch diskutierter Verfassungsreformvorhaben nur zu schnell von neuem überleben wird. So standen neben der Grundrechtsreform Verfassungsneuerungen zum Föderalismus, zur Verhütung der divergierenden Rechtsprechung der drei Höchstgerichte, zum Bundeshaushaltsrecht, zum Prüfungsrecht des Rechnungshofes u.v.a.m. an.

Die diagnostizierte Verfassungskrise selbst hat Klecatsky nur zum Teil historisch-soziologisch beschrieben. Selbst eine „Neukundmachung“ schien Klecatsky kein Ende der „Methode der flickwerkartigen und systemlosen Verfassungsänderungen“ zu garantieren, zumal er eine generelle Krise der Verfassung als solcher zu erkennen glaubte, die er unter Rückgriff auf die Staatsrechtslehre der Jahrhundertwende (G. Jellinek, R. Herrnritt) historisch analysierte: Die ursprünglich (revolutionären) Verfassungsentscheidungen des bürgerlichen 19. Jahrhunderts verebben im Zeitalter eines massendemokratischen, um antagonistische Gruppeninteressen zentrierten Parlamentarismus. Die normative Erosion der Verfassung – in Österreich deutlich sichtbar an der Zersplitterung des Verfassungsrechts – scheint Klecatsky schon 1964 fast irreversibel, weshalb Klecatskys spätere Enttäuschung über das Scheitern von

Verfassungs- und Grundrechtsreform überraschend scheint. Klecatsky sprach unter Bezug auf den Schweizer Verfassungstheoretiker Werner Kägi vom „umfassenden Niedergang des Verfassungsdenkens“. Klecatsky sah das Ende der Verfassungen als zentraler Rechtsdokumente mit Übergang zur Republik gekommen, mit einer offenkundigen, von der Verfassungsgerichtsbarkeit beförderten Einebnung der Normenhierarchie, für die eine Verfassung auch nur demokratisch disponibles positives Recht war: „Der Unterschied zwischen Verfassungsgesetz und einfachem Gesetz schrumpfte so auf die manipulierende Differenz zwischen qualifizierter Mehrheit und einfacher Parlamentsmehrheit zusammen.“ Ob diese Entwicklung aufhaltbar ist, ob mit dem Ende der Kodifikationen nach der Periode des fortschrittlich aufsteigenden liberalen Bürgertums auch das Ende der Verfassungskodifikation – und überdies der Grundrechtsnormierung – schlechthin gekommen war, ließ Klecatsky 1965 offen.

Geschichtsfern wirkt die Berufung auf eine Mythen und Archetypen herbeizitierende, auch mancher Wortmeldung im Expertenkollegium zugrunde liegende psychologisierende Verfassungsbetrachtung, wie sie von den Schweizer Juristen Hans Marti und Max Imboden unter Berufung auf C.G. Jung in Form einer vermeintlichen Analogie von Staatsstruktur und menschlicher Psyche entwickelt worden war, so etwa Martis von aller empirischen Gesellschaftsanalyse freie Spekulation, dass dem Niedergang des Archetypus des „Großen Vaters“ der Niedergang der „Verfassung des Rechtsstaates“ entspricht.

Trotz permanenter Verteidigung des (parlamentarischen) Gesetzesstaates ist eine auf den vom „Politischen“ bedrohten Einzelnen abgestellte Kulturkritik „massendemokratischer“ Phänomene in Klecatskys Antrittsvorlesung nicht zu übersehen, eine intellektuell abwertende Rede von „Sozialmagie“, die eingehende, sich auf Gottfried Benn stützende Klage über den Verfall des „Schöpferischen“, der „Persönlichkeit“, über eine Gesellschaft von „Menschen ohne Ich", über die Kapitulation des „Geistigen" vor dem „Politischen". Motive, die hier erwähnt werden, weil sie von mehreren Mitgliedern des Expertenkollegiums wiederholt in den Grundrechtsdebatten angedeutet wurden.[85]

Im November 1966 formulierte Klecatsky vor der österreichischen Juristenkommission jenes Programm, für das er im Expertenkollegium eintrat. Ausgehend vom über das Gesetz vermittelten Demokratieprinzip entgegnete er der These, dass dieses dem liberalen Rechtstaatsprinzip widerspricht, in ihrer Wurzel seien „Demokratie und Rechtsstaat" eins. Gleichzeitig erfolgte die Warnung vor dem „Pseudodemokratischen", wobei diese nicht nur von Klecatsky, sondern auch von Winkler, Kafka, Ermacora und den meisten anderen österreichischen Staatsrechtsprofessoren – nicht unbezeichnend – gerade an der gegen das „Habsburg-Erkenntnis" des Verwaltungsgerichtshofs vom Mai 1963 geübten Kritik verdeutlicht wurde. In dieses Erkenntnis hat Klecatsky – nach Eigenaussage – unter dem sichtbaren Einfluss der deutschen, auf Rudolf Gneist (1872), Otto Bähr (1864) oder Otto Mayer (um 1900) zurückgehenden Rechtstaatstradition und unter Berufung auf das neuere Schweizer Rechtstaatsdenken von Max Imboden oder Hans Huber – folgende ergänzende Begründung hinein reklamiert: „Es steht im Rechtsstaat kein Mensch über dem Recht und keiner außerhalb des Rechts."

Im Mittelpunkt der Grundrechtsidee steht der Einzelne, die Grundrechte sind Garantien individueller Freiheitssphären. Die „Stärkung der Herrschaft des Gesetzes" erfolgt im Interesse des Einzelnen im Kampf gegen übermächtige Kollektive in einer Zeit des das Legalitätsprinzip aushöhlenden staatlichen „Subventionsabsolutismus". Das Expertenkollegium möge über die Ausdehnung des Grundrechtsschutzes beraten: Nicht nur eine Verbesserung des

85 Vgl. Hans R. Klecatsky: Hat Österreich eine Verfassung? Innsbrucker Antrittsvorlesung, in: Juristische Blätter 87 (1965), 544-552.

Grundrechtsschutzes – wie bisher – „gegen Exzesse des einfachen Gesetzgebers und der hoheitlichen Verwaltung“ steht auf der Tagesordnung, sondern dessen Ausdehnung gegen im staatlich delegierten Rechtsbereich agierende Verbandskollektive, sowie gegen „die sich pseudo-privatrechtlicher Instrumente bedienende Wirtschaftsverwaltung“.[86]

1978 forderte Klecatsky die Normierung der Menschenwürde „als oberstem Konstitutionsprinzip allen Rechts“ ein. Ohne garantierte Würde des Einzelmenschen versinken die Grundrechte in „Sozial- und Politmagie“. Die Normierung der Volkssouveränität in Artikel 1 B-VG („Österreich ist eine demokratische Republik. Ihr Recht geht vom Volk aus.“) – nach Klecatsky von Kelsen zu Recht als Fiktion erkannt – sei durch folgende – das bürgerliche Individuum deklamatorisch verklärende – Neufassung zu ersetzen: „Das Recht der demokratischen Republik Österreich geht von der Würde des Menschen aus.“[87]

Dreieinhalb Jahrzehnte nach Beginn der Beratungen des Expertenkollegiums erfolgte die exakte, zugleich pessimistische Analyse der Grundrechts- und Verfassungslage im Zeichen der „EU-Integration“ samt des Grundrechtkonvents. Unter Rückgriff auf die älteste, in Geltung stehende österreichische Grundrechtsnorm, den §16 des ABGB von 1811, schreibt Klecatsky 2001: „Die republikanische Bundesverfassung ist ein Trümmerfeld. Nicht einmal die jahrzehntelang verfolgte Wiederverlautbarung der Stammurkunde gelang. Gescheitert zumal ist die jahrzehntelang verfolgte Erneuerung des österreichischen Grundrechtskatalogs. Der unzureichend verfassungsrechtlich reflektierte Sturz in die im permanenten Fluss

86 Vgl. Hans R. Klecatsky: Was verlangt der Rechtsstaat heute? (1967 erstveröffentlicht in ÖJZ), hier in: Hans R. Klecatsky: Der Rechtsstaat zwischen heute und morgen, Wien-Freiburg-Basel 1967, 13-31.

87 Vgl. Hans R. Klecatsky: Die gegenwärtige Lage der Grundrechte in Österreich (wie Anm. 50), 11.

befindliche, weder rechtsstaatlich, noch demokratisch hinreichend legitimierte ‚Rechtsgemeinschaft': Europäische Union mit ihrem verworrenen Rechtssystem bereitete sinnvollen autochthonen Kodifikationsprojekten ihr Ende." Die „verfassungslose" Europäische Union – nicht einmal fähig, der Europäischen Menschenrechtskonvention beizutreten – hat keinen Grundrechtskatalog, sie praktiziert nur mehr „Grundrechtsrhetorik", die letzten EU-Grundrechtsdeklarationen mutieren dementsprechend unter völliger Minimierung sozialer Rechte zu Propagandadokumenten der „Interessen des globalen Kapitals".[88]

An dieser Stelle sind die beiden Mitglieder des Expertenkollegiums Alfred Kobzina (1928-1998) und **Leopold Werner (1905-1977)** zu erwähnen. Mit Leopold Werner gab Klecatsky den für die Rechtslage nach Staatsvertrag 1955 und nach Ratifikation der Menschenrechtskonvention 1958 maßgeblichen Kommentar des österreichischen Bundesverfassungsrechts (Stand 1. März 1961) heraus. Im Vorwort begründeten die zu dieser Zeit dem Verwaltungsgerichtshof angehörenden Werner und Klecatsky ihre Arbeit am Kommentar mit jahrelanger rechtspraktischer Tätigkeit: „Der erste der Herausgeber gehörte bereits dem Verfassungsdienst der im Frühjahr 1945 wiedererrichteten Staatskanzlei und dann des Bundeskanzleramtes an; er (Werner -Anm.) vermochte damals an den grundlegenden Verfassungsakten mitzuarbeiten, mit denen das zerstörte österreichische Verfassungsgebäude wieder aufgebaut wurde. Seit dem Jahre 1947 ist er als Rat, nun als Senatspräsident des Verwaltungsgerichtshofes und seit 1954 auch als Mitglied des Verfassungsgerichtshofes (von 1956 bis 1958 als ständiger Referent) tätig, also als Mitglied der beiden höchsten Gerichtshöfe, welche die Bundesverfassung als Garanten des Rechtsstaates bestellt hat.

---

88 Hans R. Klecatsky: Unvergessbare Erinnerungen an § 16 ABGB, in: Pro Iustitia et Scientia. Festgabe zum 80. Geburtstag von Karl Kohlegger, Wien 2001, 275-300, hier 297-300.

Seit den Jahren 1945/1946 übt er die Lehrbefugnis (Allgemeine Staatslehre, Verfassungsrecht, Verwaltungslehre und Verwaltungsrecht) an der Universität Wien aus. Der zweite Herausgeber, zunächst Richter, gehörte acht Jahre dem Verfassungsdienst des Bundeskanzleramtes an, bevor er Rat des Verwaltungsgerichtshofes wurde.“[89]

Leopold Werner, in den letzten Berufsjahren ab 1969 Vizepräsident des Verfassungsgerichtshofs, galt als „Mann des positiven Rechts“, den vor allem die Wiener Studienzeit bei Hans Kelsen und Adolf Merkl, sowie seine Verbindung zu Ludwig Adamovich sen. geprägt hatten. Neben Werners verwaltungsrechtlichen Studien – bestimmt aus der Dienstzeit beim Stadtmagistrat Wien ab 1929 – waren für die Grundrechts- und Verfassungsreformdebatte vor allem Werners Studien über die Rekonstitution der Verfassung 1945 relevant.[90]

War Werner vor allem Mitstreiter Klecatskys in Fragen der Verfassungsreform, so war **Alfred Kobzina** (anfangs in der Finanz-

---

89 Das österreichische Bundesverfassungsrecht samt Staatsverträgen bundesverfassungsrechtlichen Charakters, Ausführungs- und Nebenvorschriften, verweisenden und erläuternden Anmerkungen und einer Übersicht der Rechtsprechung des Verfassungs- und des Verwaltungsgerichtshofes, hrg. von Leopold Werner und Hans Klecatsky, Wien 1961, V.

90 Vgl. Hans Klecatsky: Leopold Werner zum 60. Geburtstag, in: Juristische Blätter 87 (1965), 462-464 samt Schriftenverzeichnis und Edwin Loebenstein: Nachruf auf Leopold Werner, in: Juristische Blätter 99 (1977), 135-137. – In vorliegendem Zusammenhang besonders wichtig Leopold Werner: Das Wiedererstehen Österreichs als Rechtsproblem I, in: Juristische Blätter 68 (1946), 85-93; Unter dem Einfluss von Carl Schmitt ders.: Österreichs Weg zum Rechtsstaat. Gedanken zur hundertsten Wiederkehr des 13. März 1848, in: ebenda 70 (1948), 120-124 und zur Lage der österreichischen Verfassungsrechtswissenschaft ders.: Ein neues Buch über österreichisches Verfassungsrecht. Eine Buchbesprechung von Ludwig Adamovich: Grundriss des österreichischen Verfassungsrechts (vierte, neu bearbeitete Auflage, Wien 1947), in: ebenda 70 (1948), 125-131.

verwaltung tätig, dort Experte für Zollrecht, 1956 in die Parlamentsdirektion übergetreten, 1968 zum Hofrat des Verwaltungsgerichtshofs ernannt, dessen Vizepräsident er 1989 wurde, von 1991 bis 1993 Präsident des Verwaltungsgerichtshofs) Bündnispartner im „Privatwirtschaftsstreit" gegen Erwin Melichar.

Gleich Klecatsky stellt sich Kobzina gegen die Fiktion vom Staat als privatem Wirtschaftssubjekt, die sich, „dereinst eine imponierende Kampfidee des Rechtsstaates", gegen diesen gewandt hat. Denn dadurch, dass sich der wirtschaftende Staat „unter die dem einzelnen – als Schutz vor staatlichem Zugriff – garantierten Freiheitsrechte und die Rechtsgleichheit stellt, bemächtigt er sich, in die Freiheits- und Gleichheitssphäre seiner Bürger eindringend, dieser und zerstört so als ‚private' Staatsperson, was dem hoheitlich Verwaltenden unantastbar ist". Die dem Legalitätsprinzip entzogene Privatwirtschaftsverwaltung erschüttert für Kobzina nicht nur „die rechtsstaatliche Ordnung von Gesetz und Gesetzesvollziehung", „sie rüttelt zugleich an den anderen Fundamenten des Rechtsstaates: den Grund- und Freiheitsrechten". Unter Berufung auf den Schweizer Staatsrechtler Zaccaria Giacometti (1893-1970) stellt Kobzina die These auf, dass der sich als Privatrechtssubjekt gerierende Staat nicht nur die Grundrechtssphäre, sondern auch das „freiheitliche Privatrecht" aushöhlt.[91]

1966 trug Kobzina Zweifel an „der notwendigen Konkordanz von Demokratie und Rechtsstaat" vor: Er hege kein Vertrauen in die „Prämisse der ‚Identität' von Demokratie und Rechtstaat", hielt dies vielmehr für eine Illusion. Für Kobzina war die Vorstellung von der Parlamentssouveränität, von der Mehrheit, die unbeschränkbar „über dem Recht steht", gefährlich. Kobzina, der Adolf Merkls Hochgesang auf die trotz aller demokratischen Defizite hochqualitative Rechtstaatlichkeit der Habsburgermonarchie der

91 Vgl. Alfred Kobzina: Der Staat als Privatwirtschaftssubjekt, in: Österreichische Juristen-Zeitung 16 (1961), 421-427.

Jahre nach 1867 zustimmte, zeichnete im Kontrast das Schreckgespenst einer den Rechtstaat marginalisierenden jakobinisch „dezisionistischen Demokratie“, die an die dunklen Seiten der „absoluten Monarchie“ erinnert. Die rechtstaatliche Vorsicht – einer von Kobzinas Lieblingsautoren war F.J. Stahl – erledigt sich mit dem Sieg der Demokratie nicht, im Gegenteil: „Die Herrschaft des Gesetzes stellt sich jedem Absolutismus; dem Fürstenabsolutismus wie dem Absolutismus wechselnder Parlamentsmehrheiten. (...) Die österr. Republik erhielt im B-VG des Jahres 1920 eine Konstitution von hohem rechtstaatlichem und demokratischem Rang. Der Kampf um den Rechtstaat aber hört – heute wie damals – nicht auf.“ Eine „Synthese von Volks- und Rechtsherrschaft“ schien Kobzina kaum möglich.

Wie im Expertenkollegium stützte sich Kobzina auf ein Triepel-Verdikt aus dem Jahr 1931, das er gleichsam als sein Leitmotto zitierte – Triepels Verteidigung des „Ewigkeitswertes“ des Rechtsstaats gegen „Verkleinerungen“ würdigend: „Wenn man den ganz überzeitlichen Wert des Rechtsstaats mit dem Beiwort ‚liberal‘ versieht, was gewöhnlich geschieht, um ihn zu verkleinern; wenn man ihn in der gleichen Absicht als ‚bürgerlichen‘ Rechtsstaat bezeichnet, was soviel wie Rechtsstaat der um ihre ‚Sekurität‘ besorgten Bourgeoisie bedeuten soll, wenn man als Gegensatz dazu einen ‚sozialen‘ Rechtsstaat konstruieren will – so sind das alles Verzerrungen, gegen die wir Männer des Rechts, ... Verwahrung einlegen sollten. Denn hier wird ein Ewigkeitswert in den Staub des Irdisch-Kleinlichen herabgezogen.“ (Triepel 1931)

Carl Schmitt notierte 1928 in der „Verfassungslehre“ folgendes Triepel-Diktum aus dem Jahr 1923: „Heilig ist nicht das Gesetz, heilig ist nur das Recht; das Gesetz steht unter dem Recht!“. Auch wenn Kobzina sich hierauf nicht konkret bezog, stammte ein großer Teil seiner Rechtstaats-Apologetik aus Schmitts „Verfassungslehre“: Das Gesetz muss im Gegensatz zur Maßnahme bzw. zum Befehl das Generalitätskriterium, Merkmal jeder Norm, erfüllen. Der

Gesetzgeber darf nicht selbst über den Befehl wirken. Rechtstaat ist in der Tat „Herrschaft des Gesetzes", so Schmitt, aber das Gesetz muss einige Bedingungen erfüllen, die Kobzina aus Schmitts „Verfassungslehre" im wörtlichen Zitat übernimmt: „In einem Rechtstaat soll ‚das Gesetz' herrschen und die gesamte Staatstätigkeit unter dem Vorbehalt des Gesetzes stehen. Dadurch soll gerade verhindert werden, dass die für die Gesetzgebung zuständigen Instanzen an die Stelle der Herrschaft einer Norm ihre eigene Herrschaft setzen, indem sie beliebige Einzelbefehle, Maßnahmen und Anweisungen von ‚Gesetzen' nicht mehr unterscheiden. Ein bloß formeller Gesetzesbegriff: Gesetz ist das, was die gesetzgebenden Stellen im Wege des Gesetzgebungsverfahrens anordnen, würde aus der Herrschaft des Gesetzes einen Absolutismus der Gesetzgebungsstellen machen und jede Unterscheidung von Gesetzgebung, Verwaltung und Justiz beseitigen." Von Schmitt übernimmt Kobzina das Bild vom den Rechtstaat unterwandernden, den „Dualismus von Gesetz und Befehl" ignorierenden, despotische Individualmaßnahmen erlassenden „Parlamentsabsolutismus". Schmitt hatte 1928 geschrieben: „Wenn das heute geltendes Verfassungsrecht wäre, so hätte der ganze rechtstaatliche Kampf gegen den Absolutismus des Monarchen damit geendet, dass an die Stelle des monarchischen Absolutismus der vielköpfige Absolutismus der jeweiligen parteipolitischen Mehrheit getreten wäre."[92]

Folglich betont Kobzina das – vormals im bürgerlichen Kampf gegen den Feudalismus fortschrittlich-revolutionäre – Kriterium der Allgemeinheit des Gesetzes, verteidigt den Dualismus von „Norm und Befehl", denn so Schmitt paraphrasierend: „Die lex individualis wäre die Despotie." Kobzina verankert seine Demokratie-Skepsis historisch: Bereits Rousseau habe alle Repräsentationsideen der Demokratie von der Identität von Herrschenden und Be-

92 Carl Schmitt: Verfassungslehre (1928), unveränderter Nachdruck, Berlin 1954, 142 (Triepel-Zitat), 151f.

herrschten als dann im 20. Jahrhundert endgültig kollabierte Fiktion entlarvt.

Variiert wurde dies von Kobzina als Motiv von der Gefährdung des Einzelnen in der „absoluten Demokratie“ vorgetragen: Die Antinomie von Mehrheit und Gleichheit sei durch die „Kräfte der Demokratie“ nicht zu beheben. Die Demokratie hat vielmehr – so Kobzina ganz auf den Spuren des Schmittschen Rechtstaatsdenkens – das „souveräne Volk“ der „Souveränität des rechtstaatlichen Gesetzes“ zu unterwerfen: „Erst die Gleichheit vor dem Gesetz, Ausdruck des rechtstaatlichen Gesetzesbegriffs, verbietet Willkür, Diskriminierung und Privilegierung einzelner oder Gruppen.“

Grundrechte waren folglich für Kobzina nur als verbürgte Freiheitsgarantie des Einzelnen und damit als Rechtstaatswehr sinnvoll: „Die erstrittene Freiheitssphäre des Bürgers aber wird als grundsätzlich unbeschränkt und dem Staat vorausgegeben, durch Grundrechte vor Zugriffen der Gesetzgebung wie der Vollziehung abgesichert. Die rechtstaatliche Verfassung ist die magna charta gegen den Missbrauch staatlicher Gewalt, (...).“ Kobzina trug auch im Expertenkollegium stets die Warnung vor dem „Absolutismus des Souveräns“, in dessen „Logik der volonté générale“ der „Schutz der Minderheit oder des Einzelmenschen“ untergeht, vor.

Der Übergang vom „Ordnungsstaat“ zum (sozialen) „Leistungsstaat“ führt nach Kobzinas Diagnose zu einem Abbau rechtstaatlicher Wesensmerkmale: Die Kraft der Rechtsordnung drohe sich an wirtschaftlichen, sozialen, versorgenden, verteilenden Lenkungsaufgaben des Staates zu erschöpfen: „Der Staat fällt zunehmend der irrationalen Dynamik sozialer und ökonomischer Verrichtungen anheim.“ Folglich verkommt das Gesetz zum individuell beliebig improvisierten „Maßnahmengesetz“, die Gesetzgebung beschränkt sich nicht mehr auf ihre einzige und ureigene rechtstaatliche Funktion, nämlich den „Freiheitsbereich des Individuums“ zu garantieren und „die Grenzziehung zwischen dem Einzelnen und dem Staat“ zu gewährleisten.

Damit einhergehend klagte Kobzina unter Berufung auf die Schweizer Rechtsstaatslehre (H. Huber, H. Marti, W. Kägi u.a.) über die egalisierenden und nivellierenden Folgen des auf „Sekurität" bedachten Wohlfahrtstaates mit allen „verschlingenden" Folgen für die „Individualität", für die „Freiheit der Persönlichkeit". Der dem Rechtsstaat zunehmend fremde Sozialstaat macht nach Kobzina „Wesenszüge des totalen Staates transparent". Hiefür greift Kobzina – offensichtlich von der konservativen Kulturkritik von J. Ortega y Gasset, über Jünger bis Aldous Huxley oder Karl Jaspers geprägt – ausgerechnet zu folgendem aristokratischen Zitat aus Ernst Jüngers „Der Arbeiter" (1932): „Die Auflösung der alten Werte hat eine Lage hervorgebracht, in der der kühne Zugriff auf ein Mindestmaß an Widerstand trifft."

Die Emissäre des privatwirtschaftenden Wohlfahrtstaates und der „epidemisch" auftretenden Verbände, die – in Kobzinas Sicht – lenken, beeinflussen, verweigern, drohen, vermitteln, konferieren und Kartelle bilden, verwunden den Rechtsstaat „an der Wurzel". Mit der „echten Normativität" verschwindet die Rechtssicherheit und das in unverbindliche Generalklauseln aufgelöste allgemeine Gesetz: „In der Schwächung des Sinns für die generell-abstrakte Norm aber erkennt Kägi richtig das Abgleiten in ein Massendasein."

Die von Kobzina abschätzig charakterisierten Massenphänomene führt er auf die Unterwanderung der klassischen Freiheitsrechte durch soziale Grundrechte zurück. Die Apologetik der bürgerlich-liberalen Freiheitsrechte – Garanten notwendiger Elitebildung – prägen auch Kobzinas Auftreten im Expertenkollegium, wenn er fürchtet, dass die „soziale Sicherheit" den „Weg von der freien Einzelpersönlichkeit zurück zum Kollektiv, in die Vermassung" öffnet. In der Tendenz verächtlich sprach Kobzina vom „Bereitstellen von Konsumgütern und Lebenschancen", vom „Anbieten vorgeformter und durchregulierter Verhaltensweisen". Er beruft sich hierbei auf den rechtes „völkisches" Denken gefördert habenden

Soziologen Hans Freyer, der meinte, die sozial Abgesicherten („der versorgte Mensch") sind ihrem „Versorger immer ausgeliefert".

Unter Berufung auf Hans Huber, der die Verankerung sozialer Grundrechte – im besonderen eines Eigentum, Privatautonomie und die gesamte „verfassungsmäßige Freizügigkeit" gefährdenden „Rechts auf Arbeit" – 1953 abgelehnt hatte, und mit Hinweis auf eine drohende Zerstörung der „Einheit der Rechtsordnung" durch soziale Grundrechte verfocht Kobzina für die kommende Grundrechtsreform die Hegemonie der liberalen Abwehrrechte. In den „Juristischen Blättern" zitierte Kobzina aus Hans Huber: „Die Freiheitsrechte waren auch geeignet die Herausbildung einer geistigen Elite zu fördern, welche das demokratische Staatswesen emporhebt; die sozialen Verfassungsrechte dagegen fördern eher die Nivellierung und Bureaukratie und senken das geistige Maß der Demokratie."

Grundrechtsreform hieß für Kobzina im Grunde Wiederherstellung des Geists von 1867, Vollendung und Korrektur der Grundrechtsgeschichte im Sinn von 1867: Die „Enkel"-Generation der StGG-Verfasser von 1867 müssen sich hundert Jahre später – 1965/66 – von ihrer latenten Neigung zur Staatsnähe, zur „materiellen Unbeschwertheit" hin befreien und angesichts der anstehenden Grundrechtsreform eigentlich wieder an deren „opferreichen Kampf mit der gesellschaftlichen Macht" um die Erringung eines „staatsfreien Lebensraums" anschließen.[93]

Dass Kobzinas Kritik des Sozialstaats und der sozialen Grundrechte auch von Ernst Forsthoff beeinflusst war, zeigt eine knappe These, die er 1967 – bei aller Beschwörung notwendiger Sozialpolitik – vor der österreichischen Richterwoche in Weißenbach am

93 Vgl. Alfred Kobzina: Rechtstaat, Demokratie und Freiheit, in: Juristische Blätter 88 (1966), 589-605.

Attersee vortrug: „Der soziale Rechtstaat ist kein Rechtsbegriff und gleich anderen Programmen ohne relevanten Rechtsinhalt."[94]

„Rechtsstaat" und „Privatrecht" waren auch die zentralen Kategorien im Denken des Innsbrucker Professors Franz Gschnitzer, der nach dem Ausscheiden aus den meisten politischen Funktionen in das Expertenkollegium berufen wurde.

Franz Gschnitzer (1899-1968), seit 1927 Professor für Zivilrecht an der Universität Innsbruck, nach 1945 (freisinniger) ÖVP-Abgeordneter, 1956 bis 1961 mit Bruno Kreisky Staatssekretär im Außenamt, hier vor allem in der Südtirol-Frage aktiv, von 1962 bis 1965 Tiroler Vertreter im Bundesrat,[95] zählt mit seinem „Lehrbuch des österreichischen bürgerlichen Rechts" zu den Protagonisten der Zivilistik des 20. Jahrhunderts.[96]

Gschnitzer war nach 1945 mit den vom NS-Regime verfolgten Karl Wolff und Heinrich Klang maßgeblich an der Rekonstruktion des österreichischen bürgerlichen Rechts beteiligt. 1946 legte Gschnitzer eine kleine Programmschrift vor: Die österreichische Zivilrechtswissenschaft muss an die Pionierleistungen von Armin

---

94 Vgl. Alfred Kobzina: Wirtschaftsstaat zwischen Technik und Recht, in: Juristische Blätter 89 (1967), 451-465.

95 Vgl. Heinz Barta: Einführung in Werk und Leben Franz Gschnitzers [mit Tabelle zu ausgewählten Lebensdaten], in: Franz Gschnitzer Lesebuch, hrg. von Heinz Barta, Karl Kohlegger und Viktoria Stadlmayer, Wien 1993, 21-78.

96 Neben dem bürgerlich-rechtlichen Lehrbuch („dem Gschnitzer") und dem 1954 übernommenen „Klang-Kommentar" ist hier noch auf zwei rechtstheoretische Schriften Gschnitzers hinzuweisen, auf „Schafft Gerichtsgebrauch Recht?" (1950) und auf „Gibt es noch Gewohnheitsrecht?" (1967) – Studien übrigens, die wenig mit den Dogmen der Reinen Rechtslehre zu tun haben, beide abgedruckt im „Franz Gschnitzer Lesebuch". – Vgl. dazu auch H. Barta, G. Call und S. Sorgo: Bibliographie der Veröffentlichungen von Franz Gschnitzer ab 1919, in: Privatrechtliche Beiträge. Gedenkschrift für Franz Gschnitzer, hrg. von Christoph Faistenberger und Heinrich Mayerhofer, Innsbruck 1969, 493-516.

Ehrenzweig und Heinrich Klang anknüpfen, obwohl das Privatrechts-„System" des 1935 verstorbenen Ehrenzweig als auch der von Heinrich Klang vor 1938 initiierte ABGB-Kommentar – Klang war als Opfer des NS-Regimes im KZ Theresienstadt gefangen – veraltert waren.[97]

Franz Gschnitzer, der sich 1955 für die Kodifikation eines Arbeitsgesetzbuchs stark machte, verklärte insgesamt das Privatrecht – konkret besonders das ABGB – zum Schutzwall gegen die faschistische Diktatur:[98] „Kein Fach erwies sich als so widerstandsfähig wie das Zivilrecht; an ihm scheiterte bis auf relativ geringe Einbrüche die Macht des Diktators. Der Sturm an der Oberfläche berührte seine tiefen Strömungen nicht, deren Gesetzmäßigkeit sich diktatorischer Willkür entzog."

Das deklamatorische Bekenntnis „Das Privatrecht ist unsterblich." begründete Gschnitzer 1960 mit Blick auf die „freie Persönlichkeit" und ungeachtet des Umstandes, dass der „Liberalismus zu seinem Schaden darin übers Ziel geschossen" hat: „Wenn ich mich aber um den letzten Grund dafür frage, warum ich das Privatrecht liebe, so ist es der: ich sehe im Privatrecht den Ausdruck der freien Persönlichkeit. In einer Rechtsordnung ist ihr Gehalt an Privatrecht das Maß der persönlichen Freiheit." Gschnitzer kam zu diesem Schluss, obwohl er das Zivilrecht durch das Sozial- und Arbeitsrecht erschüttert sah und an der harmonischen Idylle und Rationali-

---

97 Vgl. Franz Gschnitzer: Die Aufgabe des österreichischen Privatrechts (1946), in: Franz Gschnitzer Lesebuch (wie Anm. 95), 413-418.

98 Dass diese Einschätzung Gschnitzers nicht zutraf, dass die deutsche Zivilistik den Erfordernissen des Faschismus bis hin zur „arisierenden" Enteignung zuarbeitete, vgl. etwa Otto Kirchheimer: Die Rechtsordnung des Nationalsozialismus (1941), in ders.: Funktionen des Staats und der Verfassung, Frankfurt 1972, 115-142 oder Dieter Grimm: Die „Neue Rechtswissenschaft". Über Funktion und Formation nationalsozialistischer Jurisprudenz, in: Wissenschaft im Dritten Reich, hrg. von Peter Lundgreen, Frankfurt 1985, 31-54.

tät des bürgerlichen Rechts zweifelte: „Der Grundsatz ‚gleiches Recht für alle' hat im Sozialrecht Schiffbruch erlitten. Dort hat sich die Erkenntnis (freilich mit viel Mühe!) durchgerungen, dass gleiches Recht bei ungleicher wirtschaftlicher und sozialer Stellung zu Ungerechtigkeit führt; dass die Rechtsordnung dem Schwachen zu Hilfe kommen muss, um auszugleichen, damit nicht rein formale Gleichberechtigung in materielle Rechtlosigkeit ausarte."[99]

Auch Gschnitzer erprobte die Verteidigung des Rechtstaats am Fall Habsburg 1963 und zehn Jahre zuvor insbesondere in der Kritik der „lex Starhemberg" 1951/52, d.h. in der Verteidigung der Eigentumsrechte des faschistischen „Heimwehr"-Führers Ernst Rüdiger Starhemberg, der maßgeblich an der Zerstörung der demokratischen Verfassung der Ersten Republik beteiligt war und zu den Liquidatoren der sozialistischen Arbeiterbewegung im Februar 1934 zählt: Ein Gesetzgeber, der ein höchstgerichtliches Urteil durch ein Sondergesetz vernichtet, stößt „drei Pfeile in das Herz des Rechtsstaates" – so Gschnitzer pathetisch und sich stets professoral über den politischen Konflikten erhaben darstellend: „Wir haben also dreimal gesehen, dass der Gesetzgeber nicht zugleich Richter sein darf. Warum nicht? Weil Willkür die Folge ist! Vor dieser Willkür schützt nur die Trennung der gesetzgebenden von der richterlichen Gewalt. Darin liegt die Weisheit des Rechtsstaates, unserer Staatsform."[100]

Gschnitzers Auftreten im Expertenkollegium war das des Zivilrechtlers, des „Drittwirkung"-Kritikers. Seine Position im Expertenkollegium kann schon in seinem 1961 gehaltenen Juristentag-

---

99 Franz Gschnitzer: Geschichte des europäischen Zivilrechts im 19. und 20. Jahrhundert, entwickelt am Beispiel des österreichischen ABGB. Vortrag, gehalten am 3. März 1960 an der Universität Warschau, in: Franz Gschnitzer Lesebuch (wie Anm. 95), 559-567.

100 Die Reden von Franz Gschnitzer zu den Fällen Starhemberg (1952) und Habsburg (1963) sind abgedruckt in: Franz Gschnitzer Lesebuch (wie Anm. 95), 1023-1030, hier 1027f.

Referat zum „Gleichheitsgrundsatz im österreichischen Privatrecht" nachgelesen werden, – ein Schlüsselsatz ausgehend von der Privatautonomie als dem „innersten unverletzbaren Kern" des Privatrechts: „Der Versuch, den Gleichheitsgrundsatz auf das Privatrecht im Sinne einer Gleichbehandlungspflicht zu übertragen, erscheint mir daher als ein grundsätzlich verfehltes Unternehmen. Vielmehr besteht im Privatrecht eben grundsätzlich keine Gleichbehandlungspflicht. Daran ist festzuhalten, wenn nicht die Grundlagen der Privatrechtsordnung erschüttert werden sollen."[101]

Dem Expertenkollegium gehörten auch drei unter Mitwirkung Gschnitzers und Walter Antoniollis in den frühen 1950er Jahren habilitierte Innsbrucker Dozenten an, die zuvor auch an der Universität Innsbruck promoviert worden waren: Felix Ermacora (1951 habilitiert), Hans Floretta (1954 habilitiert) und Günther Winkler (1955 habilitiert).

Felix Ermacora (1923-1995), 1951 in Innsbruck bei Walter Antoniolli für Staatslehre und Verfassungsrecht, 1954 in Wien bei Ludwig Adamovich auch für Verwaltungsrecht habilitiert, tätig im Verfassungsdienst unter Loebenstein, in dieser Zeit auch Heidegger, Gide, Camus, Sartre, Ernst Jünger – so Klecatsky und Pernthaler 1993 – studierend, von 1956 bis 1964 Professor für Staatsrecht an der Universität Innsbruck, 1964 an die Universität Wien berufen, ab 1959 österreichisches Mitglied der Europäischen Menschenrechtskommission und Delegierter in der UN-Menschenrechtskommission, war aus diesen Funktionen heraus, vor allem aber als Verfasser des – in Abschnitt 1 erwähnten – „Handbuchs der Grund-

101 Franz Gschnitzer: Referat zum Gutachten von Franz Bydlinski über das Thema „Der Gleichheitsgrundsatz im österreichischen Privatrecht", in: Bericht über den Ablauf der privatrechtlichen Abteilung des ersten Österreichischen Juristentages Wien 1961, Wien 1962, 6-32, hier 10f.

freiheiten und der Menschenrechte“ (1963) zum Mitglied des Expertenkollegiums ernannt worden.[102]

Seine Haltung zur anstehenden Grundrechtsreform trug Ermacora zusammengefasst im Mai 1964 der Österreichischen Juristenkommission in Weißenbach am Attersee – mit Ausführungen zur (naturrechtlich-präpositiven) Stellung der Menschenwürde, zu den sozialen Grundrechten – vor.[103]

1951 war Ermacora noch Anhänger der Reinen Rechtslehre Kelsens gewesen, was von Walter Antoniolli und Godehard Ebers, den Gutachtern seiner Habilitationsschrift „Das Wesen und die Grundformen der Zentralisation und Dezentralisation“ auch festgestellt wurde. Ebers schrieb im Mai 1951: „Den Weg (...) sucht er mit den Mitteln der normativen Methode des kritischen Rechtspositivismus zu finden, der Recht gleich Norm setzt. Damit scheidet von vornherein jede rechtspolitische Betrachtung aus.“[104]

Wichtiger Orientierungspunkt für Ermacora war neben Kelsens „Reiner Rechtslehre“ von 1934 dessen frühe „Hauptprobleme der Staatsrechtslehre“ aus dem Jahr 1911. Ermacora würdigte neben Kelsens Rechtsatztheorie Adolf Merkl als Überwinder der frühen rechtsstatischen Betrachtung Kelsens zugunsten der Lehre vom „doppelten Rechtsantlitz“ und der Stufenbautheorie. Konkreter Bezugspunkt von Ermacoras Habilitation war der Abschnitt über „die Lehre von Zentralisation und Dezentralisation, sowie von den Staatenverbindungen“ in Kelsens 1925 veröffentlichter „Allgemeiner Staatslehre“.

---

102 Vgl. Felix Ermacora: Handbuch der Grundfreiheiten (wie Anm. 4).

103 Vgl. die gedruckte Fassung Felix Ermacora: Die Grund- und Menschenrechte nach geltendem Recht in internationaler Sicht, in: Österreichische Juristen-Zeitung 20 (1965), 375-381.

104 Universitätsarchiv Innsbruck, Rechtswissenschaftlicher Habilitationsakt Felix Ermacora.

1959 zeigte sich Ermacora dann schon als Kritiker Kelsens. Ermacora bemängelt Kelsens Kant-Adaption. Er versuchte zu zeigen, dass Kelsens Rechtsatzlehre auf einer zu reduzierten Übernahme der Kantschen transzendentalen Analytik, der hypothetischen Relation der Urteile, beruht. Ermacora spricht nun von der wissenschaftlich gespaltenen Wiener Rechtstheoretischen Schule: Vor allem Alfred Verdross hat die Naturrechtskritik von Kelsen mit seiner Forderung nach einer „materialen Rechtsphilosophie" ins Gegenteil verkehrt.

Ermacora versucht an Hand der formal-hypothetischen Grundnorm zu zeigen, dass Kelsens Naturrechtskritik unhaltbar ist. Von Kelsen abweichend fordert Ermacora – an Alfred Verdross erinnernd – eine Rückkehr zur „gegenständlichen Philosophie". Besonders wichtig für Ermacoras Mitwirken in der Grundrechtsreformkommission ist seine These: Materiale Grundnormen sind – Ermacora zitiert den Artikel 1 des Bonner Grundgesetzes über die Unantastbarkeit der Menschenwürde – sogar positiv-rechtlich verankert. Ermacora folgte dabei aber keiner grenzenlosen Naturrechts-Euphorie, hielt diese sogar für gefährlich.[105]

Die Praxis mehrerer Verfassungskodifikationen, aber auch jene der Gerichte zeigt nach Ermacora, dass Grundnormen nichts anderes sind als inhaltlich aufgefüllte „soziale Wertvorstellungen". Die Preisgabe von Kelsens These, dass die beiden Normensysteme „Naturrecht" und „positives Recht" durch einen unüberbrückbaren Abgrund getrennt sind, würde die „Wiener Schule auch für das öffentliche Recht der Gegenwart" wieder bedeutender werden lassen. Der Methodenpurismus der Reinen Rechtslehre hat nämlich Ermacora

105 Vgl. Felix Ermacora: Die Verfassung der Bundesrepublik Deutschland (Bonner Grundgesetz) vom 23.5.1949, in: Juristische Blätter 74 (1952), 102-109 und ders.: Über die Schlagkraft des „naturrechtlichen Gedankenguts" im Bonner Grundgesetz, in: Zeitschrift für öffentliches Recht 6 (1955), 517-520.

zufolge dazu geführt, dass sie wie ein erratischer Block außerhalb der Verfassungs- und Verwaltungsrechtslehre steht, woran auch gelegentliche Zitationen in Verfassungsgerichtshof-Erkenntnissen wenig änderten.[106]

Der Wiener Staatsrechtler Theo Öhlinger schätzt 1993 Ermacoras Stellung so ein: „Wie alle österreichischen Staatsrechtslehrer seiner und auch noch der folgenden Generation nimmt Ermacora seinen Ausgangspunkt in der Reinen Rechtslehre Kelsens. (...) Man spürt noch heute die Faszination, die die harte und selbstsichere Begrifflichkeit Kelsens auf den jungen Autor ausübte. (...) Es ist ein bleibendes wissenschaftliches Verdienst Ermacoras, die österreichische Staatsrechtslehre der fünfziger und sechziger Jahre aus einer gefährlichen methodischen Verengung und dogmatischen Versteinerung im übermächtigen Schatten Hans Kelsens herausgeführt (...) zu haben."[107]

Theo Öhlinger spricht von der – allerdings diffusen – „aporetischen Methode" Ermacoras, Manfred Nowak bezeichnet 1995 Ermacora als den Begründer einer angeblichen „Methode der normativen Dialektik" in der Allgemeinen Staatslehre, und folglich ebenfalls als Kritiker von Kelsen, Merkl und Epigonen.[108]

Klecatsky und Pernthaler sprechen ihrerseits 1993 von einer „normativen Dialektik" bei Ermacora, die dieser auf der „Grundlage der Hegelschen Seins- und Erkenntnistheorie" so bezeichnet hat, damit wohl sein Interesse für eine politische, soziologische und his-

---

106 Vgl. Felix Ermacora: Die Deutung und die Aufgabe der Wiener Schule für die Wissenschaft vom öffentlichen Recht der Gegenwart, in: Zeitschrift für öffentliches Recht 10 (1959/60), 347-367.

107 Vgl. Theo Öhlinger: Felix Ermacora zum 70. Geburtstag, in: Archiv des öffentlichen Rechts 118 (1993), 666-668.

108 Vgl. Manfred Nowak: Felix Ermacora (1923-1995), in: Archiv des öffentlichen Rechts 120 (1995), 278-281.

torische[109] Verfassungslehre bekundend, sein Ziel, den „den staatsrechtlichen Positivismus kennzeichnenden Dualismus von Recht und Politik“ zu überwinden, andeutend, oder wie es Klecatsky und Pernthaler umschreiben: „Alle weiteren wissenschaftlichen Bemühungen Ermacoras sind vielmehr darauf gerichtet, den normtheoretischen Ansatz der ‚Reinen Rechtslehre' mit einer inhaltlichen Betrachtungsweise von Staat und Recht methodisch zu versöhnen.“

Grundrechtspolitik beruht also nach Ermacora auf einem „wertgeprägten Menschenbild“, auf einer „inhaltlichen Grundnorm“, die „im freiheitlichen Rechtsstaat die Achtung der Menschenwürde“ sei, wobei bei Ermacora ausgeblendet blieb, dass die „Menschenwürde“ in einer Elend reproduzierenden kapitalistischen Gesellschaft nur zu oft zur Ideologie verkommt. Klecatsky und Pernthaler umschreiben jedenfalls den für Ermacoras Wirken im Expertenkollegium leitenden Standpunkt so: „Es gibt also keine Würde des Staates, seiner Organe und Funktionäre, sondern nur eine Würde des konkret existierenden Menschen und seiner Rechte, wovon sich aller Wert des Staates ableitet.“[110]

---

109 Es ist hier nicht nur auf Ermacoras wichtige Quellenstudien zur Verfassungsgeschichte hinzuweisen, sondern auch auf seine revisionistischen, keine historische Methodik erkennen lassenden Geschichtsklitterungen, so wenn er etwa die barbarische Herrschaft des deutschen Faschismus in der Tschechoslowakei 1938 bis 1945 nicht nur verschweigt, sondern als fast natürlich-legitimes Ergebnis des „unbewältigten Friedens“ von St.Germain erscheinen lässt, und wenn Ermacora ohne Erwähnung der – etwa an den Namen Lidice geknüpften – deutschen Kriegsverbrechen den antifaschistischen tschechischen Befreiungskampf – unter Verkehrung der historischen Kausalität – in ein kriminelles Licht rückt. – Vgl. Felix Ermacora: Der unbewältigte Friede. St. Germain und die Folgen 1919-1989, Wien-München 1989, 143-186.

110 Hans R. Klecatsky und Peter Pernthaler: Felix Ermacora – 70 Jahre, in: Juristische Blätter 115 (1993), 643-646.

Günther Winkler (Jg. 1929), geprägt vom Studium bei Franz Gschnitzer oder Walter Antoniolli,[111] von 1949 bis 1952 gemeinsam mit Felix Ermacora Innsbrucker Assistent von Antoniolli und Godehard Ebers,[112] 1955 in Innsbruck mit einer Arbeit zum Bescheid habilitiert, 1959 nach drei Wiener Dozentenjahren zum Professor berufen und in Wien trotz primo loco-Berufungen nach Würzburg (1960) und Heidelberg (1968) bis zur Emeritierung 1997 verblieben,[113] organisierte als damaliger Innsbrucker Antoniolli-Assistent – begeistert von der „utopisch anmutenden" Erstauflage der „Reinen Rechtslehre" (1934) einen rechtstheoretischen Arbeitskreis: „Als junger Student war ich von der Reinen Rechtslehre aus dem Jahr 1934 so fasziniert, dass ich einen Arbeitskreis über Kelsens Rechtstheorie organisieren half. Dabei war ich von namhaften Professoren und von erkenntnisdurstigen angehenden Wissenschaftlern begleitet. Der damals noch kaum bekannte Philosoph Wolfgang Stegmüller [1923-1991, nach Innsbrucker Dozentenjahren führender Analytischer Philosoph an der Universität München – Anm.] bestimmte richtungsweisende Leitlinien für eine angewandte Erkenntnistheorie und für die Juristische Logik. (...)."[114]

Bereits in den frühen Wiener Jahren – hier ist neben einer Studie „Zum Verwaltungsbegriff" (1958/59) vor allem die rechtstheoreti-

---

111 Vgl. Günther Winkler: Der Rechtslehrer Walter Antoniolli. Ein gegenwartsbezogener Rückblick aus Anlass seines 90. Geburtstages, in: Juristische Blätter 119 (1997), 754-756.

112 Vgl. Günther Winkler: Den Menschenrechten verschworen. Felix Ermacora – 65 Jahre (1988), in: ders.: Wissenschaft in Staat und Gesellschaft, Wien 1993, 132-141.

113 Vgl. Herbert Haller u.a.: Vorwort zur Festschrift Günther Winkler, in: Staat und Recht. Festschrift für Günther Winkler, Wien-New York 1997, Vf. mit Schriftenverzeichnis 1295-1299.

114 Günther Winkler: Rechtstheorie und Erkenntnislehre. Kritische Anmerkungen zum Dilemma von Sein und Sollen in der Reinen Rechtslehre aus geistesgeschichtlicher und erkenntnistheoretischer Sicht. (=Forschungen aus Staat und Recht 90), Wien 1990, XIf.

sche Abhandlung „Die absolute Nichtigkeit von Verwaltungsakten" (1960) zu erwähnen[115] – wandte sich Winkler einem „empirisch-rationalen Rechtsdenken" zu. Dem diente dann nicht nur die Monographie „Zeit und Recht" (1993), sondern auch Winklers in den späten 1980er Jahren einsetzende Wiedererinnerung an die Tradition der österreichischen Staatsrechtswissenschaft um 1900, hervorgegangen zumeist aus dem Wiener Umfeld des nach 1892 in Heidelberg lehrenden Georg Jellinek. In der Reihe „Forschungen aus Staat und Recht" gab Winkler im Sinn einer historischen Relativierung der wissenschaftspolitisch dominierenden „Wiener Rechtstheoretischen Schule" meist verdrängte und vergessene Schriften von Felix Stoerk (1885ff.), Edmund Bernatzik (1890), Gustav Seidler (1905), Friedrich Tezner (um 1900) oder von Ernst Seidler (1930) heraus.[116]

Winklers rechtstheoretische Position in den Jahren der frühen Grundrechtsreform liegt in 1969 unter dem Titel „Wertbetrachtung im Recht und ihre Grenzen" niedergeschriebener Form vor. Gegen die extremen Varianten eines „formalistischen Rechtspositivismus" einerseits und eines ideologisch-politischen (naturrechtlichen) „Dogmatismus" andererseits fordert Winkler Rechtsbetrachtung als „empirische Wissenschaft" vom positiven Recht ein. Die Rückkehr der Rechtstheorie zu einer „Theorie vom positiven Recht" eingeleitet zu haben, ist nach Winkler das große – wenngleich in der Folge normativ-formal – verengte Verdienst Hans Kelsens. Kelsens Reine Rechtslehre hat der überschießenden, dem positiven Recht völlig

115 Beide Abhandlungen sind wieder abgedruckt in Günther Winkler: Orientierungen im öffentlichen Recht. Ausgewählte Abhandlungen. (=Forschungen aus Staat und Recht 46), Wien-New York 1979.

116 Zusammenfassend kommentiert in dem als Geschichte der österreichischen Staatsrechtswissenschaft zu lesenden Buch von Günther Winkler: Die Rechtswissenschaft als empirische Sozialwissenschaft. Biographische und methodologische Anmerkungen zur Staatsrechtslehre. (=Forschungen aus Staat und Recht 130), Wien 1999.

entfremdeten Vermischung von Rechtsdogmatik und Rechtspolitik Einhalt geboten. Wo juristische „Aporetik“ und „Dialektik“, d.h. die Anhebung der Methodenlosigkeit zur rechtswissenschaftlichen Tugend, wo wild wachsender „Synkretismus“ von juristischer, metaphysischer, naturwissenschaftlicher, politisch-ideologischer Spekulation zum juristischen Irrationalismus führt, dort ist Kelsens Einschreiten von aktueller Relevanz, aber so Winkler: „Der Synkretismus wird vom Pluralismus der Methoden nicht unterschieden, letztlich sogar diesem gleichgesetzt.“

Hier setzt auch Winklers Kritik an Kelsens „reinem Formalismus“ ein: Gegen Kelsen führt Winkler dessen „zu enge, formalisierte Sicht von der Normstruktur, die Konstruktion der Grundnorm“ oder „das unüberbrückbare Auseinanderklaffen von Sein und Sollen“ an: „Die von [Kelsen] auf seine Weise gepflegte transzendentale Logik in der Rechtstheorie ist nicht voll gegenstandsadäquat.“ Winkler, der Verdross' kritischer Naturrechtsrehabilitation zuneigt und Verdross das Verdienst, die „rationale Wertbegründung“, die „wissenschaftliche Wertlehre“ von Viktor Kraft für die Rechtswissenschaft gewonnen zu haben, zuerkennt, spricht von der Kelsen-Merklschen Fehlmeinung, „dass die Methode den Gegenstand bestimmt“.

Kelsens agnostisch anmutender Verzicht auf eine rationale Interpretationstheorie, “die Distanzierung Kelsens von der Inhaltsbetrachtung, insbesondere einer teleologischen Auslegung“ wird von Winkler unter Verteidigung der traditionellen juristischen Deutungsmethodik als „Auswirkung der so genannten transzendentalen Logik und des Formalismus“ bei Kelsen, sowie als Folge von Kelsens gegenstandsferner, „unrealistisch-spekulativer Formallehre vom Recht“ qualifiziert: „Wissenschaftlicher Standort, Methode und Mittel der Rechtserkenntnis sind willkürlich vorgefasst und nicht nach ihrer Angemessenheit am Gegenstand ausgewählt."[117]

Im Hinblick auf die politische Selbsteinschätzung bemühte Günther Winkler den in bürgerlichen Professorenkreisen verbreiteten Topos vom parteipolitisch unabhängigen Gelehrten, der fern der „extrem dogmatisierten" Parteipolitik steht, „innere Distanz zur parteipolitischen Ideologie" übt, so 1998: „Mein Interesse galt ausschließlich der Wissenschaft und nicht einer Parteipolitik, voll von offener oder verhaltener Feindseligkeit, von militanter Konfrontation, von ideologischer Phrasenhaftigkeit, von dogmatisierten Doppeldeutigkeiten und von historischen Vorurteilen." Trotz Hinweis auf das formale Fehlen einer Parteimitgliedschaft beschreibt Günther Winkler 1998 rückblickend sein Mitwirken an der Gründung der rechtskonservativen Studentengruppe „Junge Europäische Studenteninitiative (JES)" in den frühen 1970er Jahren, seine auf die frühen Wiener Dozentenjahre zurückgehende Verbindung zur katholischen Cartellverbindung „Norica" und seine Mitgliedschaft beim „liberal-konservativen österreichischen Akademikerbund": „Ich wurde neben Reinhard Kamitz Vizepräsident dieser Vereinigung und entfaltete mich dort zum Protagonisten für Freiheit und Würde des Menschen in einem demokratischen Rechtsstaat und in einem geeinten Europa." Winkler verwies auch auf seine Beratertätigkeit für die ÖVP-Politiker Leopold Figl, Julius Raab, Hermann Withalm, Karl Schleinzer, und insbesondere für Josef Klaus, dessen „Aktion 20" Winkler unterstützte, dessen Verfassungsberater er in den Jahren der ÖVP-Alleinregierung von 1966 bis 1970 war. Wegen seiner öffentlichen Stellungnahmen zur Habsburg-Affäre wur-

117 Günther Winkler: Wertbetrachtung im Recht und ihre Grenzen. (=Forschungen aus Staat und Recht 12), Wien-New York 1969, 6-8, 16f., 36f., 39f., 48f.

de Winkler 1963 von der sozialdemokratischen Arbeiterzeitung als „Einpeitscher der reaktionären Kreise" bezeichnet.[118]

Antigewerkschaftliche Ressentiments und eine gewisse Geringschätzung des Streikrechts als zum „Gewaltakt der Straße" tendierend verbarg Winkler nie, so etwa 1966 in seinem im Rahmen der ÖVP-„Aktion 20" gehaltenen Vortrag „Der freie Mensch in der Ordnung des Rechts": „Die Tendenz kollektiver Mächte und radikaler Gruppen zur Missachtung des Rechts macht einen wirksamen Schutz vor allem gegen öffentliche Gewaltakte der Straße sowie politische Machtrichtungen und Streikausschreitungen wesentlich."

In diesem Referat vor ÖVP-Parteitagsdelegierten legte Winkler 1966 auch seine Haltung in Verfassungs- und Grundrechtsfragen dar. Winkler, der seit 1959 Vorsitzender eines Arbeitskreises zur Schaffung eines neuen Grundrechtskatalogs war, forderte nun dessen rasche Verwirklichung mit dem Ziel der Herstellung eines „demokratischen Rechtsstaates", also der „rechtlichen Eindämmung der Allmacht des Staates und kollektiver Mächte im Wirtschaftsleben", der „Schließung der Lücken im Rechtsschutz des Einzelnen": „Der Schutz des Einzelnen ist über die bestehende Regelung hinaus mehrfach zu verstärken. Dazu gehören das verfassungsrechtliche Verbot von Individualgesetzen; das verfassungsrechtliche Verbot der Rückwirkung von Gesetzen, welche den Einzelnen belasten; ein verstärkter Persönlichkeitsschutz; die Erweiterung des Hausrechtes. (...) Internationale Konflikte und Spannungen lassen ein besonderes Asylrecht erforderlich erscheinen." Aus der Reihe der von Winkler konkret vorgeschlagenen Maßnahmen ist mit Blick auf die Diskussion im Expertenkollegium Winklers Forderung nach einer exakten Determinierung der grundrechtlichen Gesetzesvorbehalte etwa nach dem Vorbild der „Wesensgehalts-

118 Vgl. Günther Winkler: Rechtswissenschaft und Politik. Die Freiheit des Menschen in der Ordnung des Rechts. (=Forschungen aus Staat und Recht 110), Wien-New York 1998, XI-XIV.

sperre“ im Bonner Grundgesetz („Die Abänderung von Grundrechten soll nur durch ausdrückliche Umformulierung möglich sein [Art 19 I, II GG].“) und seine Forderung nach Unterbindung der Flucht der staatlichen Wirtschaftsverwaltung in das Privatrecht zwecks Umgehung der verwaltungsgerichtlichen Kontrolle zu nennen.[119]

Wie für viele seiner Kollegen in der Grundrechtsreformkommission ist auch für Winkler ein Bekenntnis zum bürgerlichen Rechtsstaat, wie es von Friedrich Julius Stahl und Otto Bähr – arrangiert mit dem gegenrevolutionären Preußen von 1849 – formuliert worden war, charakteristisch – Winkler 1959: „'Der Staat soll ein Rechtsstaat sein, das ist die Lösung und ist auch in Wahrheit der Entwicklungstrieb der neueren Zeit', schrieb J. Stahl bereits um 1850. Noch im Jahr 1864 übernahm diese Parole der berühmte Streiter für den Rechtsstaat, Otto Bähr. Wie damals, in der Zeit des Polizeistaates, klingt uns das heute noch als Mahnung. Denn wieder droht die Willkür auf uns hereinzubrechen.“[120]

Im Herbst 1953 hat **Hans Floretta** die Habilitationsschrift „Der Kündigungs- und Entlassungsschutz im österreichischen und deutschen Arbeitsrecht“ bei der Innsbrucker Juristenfakultät eingereicht. Die Fakultät bestellte Franz Gschnitzer zum Erstreferenten. Hans Floretta (Jg. 1923), in Innsbruck sowohl zum Dr.jur. als auch zum Dr.rer.pol. promoviert, seit 1948 Rechtsreferent der Salzburger Arbeiterkammer, wurde 1954 in Innsbruck für das Fach Sozialrecht habilitiert. 1956 zum Salzburger Arbeiterkammerdirektor ernannt übernahm er 1964/65 auch kurz die Innsbrucker Professur für Sozialrecht und österreichisches Privatrecht, ehe er für das Arbeits- und

---

119 Vgl. Günther Winkler: Der freie Mensch in der Ordnung des Rechts, in: Symbiose von Politik und Wissenschaft. Mit einem Vorwort von Bundeskanzler Josef Klaus, hrg. von der Österreichischen Gesellschaft für Politik, Wien-München 1967, 186-204.

120 Günther Winkler: Vom Rechtsstaat in unserer Zeit (1959), in: ders.: Rechtswissenschaft und Politik (wie Anm. 118), 73-94.

Sozialrecht an die neu gegründete Salzburger Juristenfakultät berufen wurde. Floretta war nicht nur Mitglied des Grundrechtekollegiums, sondern auch der 1967 beim Sozialministerium eingerichteten Kommission zur Vorbereitung der Kodifikation des österreichischen Arbeitsrechts.[121]

Florettas Haltung wird in Würdigungen stets als die der „sozialpartnerschaftlichen" Zurückhaltung und des „Ausgleichs" geschildert. Im Expertenkollegium versuchte sich Floretta aber in der Frage der sozialen Grundrechte von der diesen entgegen schlagenden Skepsis abzugrenzen. Öffentlich widersprach er etwa 1969 der These von der fast völligen Injustitiabilität sozialer Grundrechte schlechthin, wie sie von Robert Walter oder Gerhard Schnorr 1967 aufgestellt worden war. Auch wenn das „Recht auf Arbeit" unter kapitalistischen Eigentumsverhältnissen – in Florettas Worten „in unserer Wirtschaftsordnung" – nicht als unmittelbar subjektiv öffentliches Recht normiert werden kann, so gilt für ihn doch: Die (österreichische) Rechtswissenschaft sieht die sozialen Grundrechte von „unnötig vielen Problemen beschwert". Vorsichtig, aber deutlich widersprach Floretta auch dem von maßgeblichen Kollegiumsmitgliedern mit antigewerkschaftlicher Tendenz stets ins Spiel gebrachten Grundrecht der so genannten „negativen Koalitionsfreiheit", da diese „kein selbständiges der positiven Koalitionsfreiheit gleichwertiges Recht" ist.

Floretta widersprach in der Zeitschrift der Wiener Arbeiterkammer „Das Recht der Arbeit" 1969 auch Theodor Tomandls Behauptung, die sozialen Grundrechte stellten eine Gefahr für die Archi-

121 Vgl. Oswin Martinek: Hans Floretta. Wissenschaft und Interessenausgleich, in: Arbeitsrecht und soziale Grundrechte. Festschrift Hans Floretta zum 60. Geburtstag, hrg. von Oswin Martinek u.a., Wien 1983, XI-XVI, mit Schriftenverzeichnis 825-830. – Zur frühen, der Grundrechtsreform parallelen Geschichte der Arbeitsrechtskodifikation vgl. Theo Mayer-Maly: Österreichisches Arbeitsrecht, Wien-New York 1970, 14-20.

tektonik der Verfassung und die klassisch-liberale Grundrechtsstruktur dar, im Gegenteil: „Für den Menschen sind alle diese klassisch-bürgerlichen Freiheitsrechte in dem Maße bedeutungslos, in dem er nicht über eine gesicherte materielle Existenz verfügt. Diese Existenzgrundlage ist für den Besitzlosen das Anliegen der sozialen Grundrechte. Eine Verfassung, die lediglich die klassisch-bürgerlichen Freiheitsrechte kennt, ist eben eine Verfassung, die ausschließlich den Interessen des Besitzbürgertums dient.“ Floretta widersprach der herrschenden Meinung, Österreich kennt keine sozialen Grundrechte im Verfassungsrang, dem steht Artikel 11 der Menschenrechtskonvention entgegen, der einige soziale Grundrechte garantiert, „nämlich ausdrücklich das Koalitionsrecht und meines Erachtens daraus ableitbar ein Kollektivvertragssystem sowie die Arbeitskampffreiheit“.

Soziale Grundrechte sind im Verfassungsrang zu inartikulieren, fordert Floretta, wünschenswert wäre die vollständige Übernahme der Europäischen Sozialcharta, zumal ein solches Vorgehen für Österreichs Arbeiter über die geltend einfachgesetzliche Regelung hinausgehend arbeits- und sozialrechtliche Vorteile brächte, etwa durch Erschwerung der (fristlosen) Entlassung und durch bessere Absicherung des Streikrechts, da die Streikteilnahme nach der Sozialcharta keinen Bruch des Einzelarbeitsvertrages mehr darstellt.[122]

Hans Kelsen (1881-1973) schwebte als Autorität über den Beratungen des Expertenkollegiums, dessen Protokolle ihm zugesandt wurden. Es war aber nicht jener Kelsen, der als Begründer der

---

122 Hans Floretta: Bürgerliche Freiheitsrechte und soziale Grundrechte, in: Das Recht der Arbeit 19 (1969), 1-6 und Hans Floretta und Theo Öhlinger: Die Menschenrechtspakte der Vereinten Nationen. Ein Beitrag zum Stand der Grundrechte in Österreich, insbesondere zu den sozialen Grundrechten, Wien 1978, 20-26 mit Literaturbericht zur Kontroverse über die sozialen Grundrechte.

„Reinen Rechtslehre“ polarisiert hatte, es war der zur Ikone entrückte Nestor der österreichischen Staats- und Verfassungsrechtswissenschaft, dessen formales, rationales, bürgerlich-liberales Modell einer tolerant gedachten „Konkordanzdemokratie“ weit über das Lager der „Reinen Rechtslehre“ hinaus konsensfähig geworden war, wie der Bezug auf Kelsens Schrift „Vom Wesen und Wert der Demokratie“ (1929 in zweiter Auflage erschienen, 1963 unverändert nachgedruckt) im Expertenkollegium zeigt.

Die Kelsen-„Orthodoxie“ im engeren Sinn war im Expertenkollegium durch Robert Walter (Jg. 1931, als Schüler von Merkl zur Kelsenschen Theorie gelangt, als Richter 1960 in Wien habilitiert, von 1962 bis 1966 Professor des öffentlichen Rechts an der Universität Graz, dann an der Wiener Welthandelshochschule und ab 1975 an der Universität Wien, seit 1971 Leiter des Wiener Hans Kelsen-Instituts)[123] und durch den 1968 zum Salzburger Ordinarius ernannten **Kurt Ringhofer** (1926-1993), mit Walter Geschäftsführer des Kelsen-Instituts, mit Walter 1979 Herausgeber von Kelsens unvollendeter „Allgemeiner Theorie der Normen“, ab 1976 Vizepräsident des Verfassungsgerichtshofs, vertreten.

Die Lektüre der „Reinen Rechtslehre“ von Hans Kelsen hat nach Aussage seiner Kollegen aus Ringhofer nach einer Studienzeit, in der von Kelsen selten und zumeist ablehnend gesprochen worden war, zum „’orthodoxen’ Vertreter der Reinen Rechtslehre“ gemacht. In mancher Wortmeldung (zur Verstaatlichung) deuten sich bei Ringhofer – trotzdem er den Kritikern der „Privatwirtschaftsverwaltung“ Vermischung von Rechtspolitik und Rechtserkenntnis unterstellt – sozialdemokratische Tendenzen an. Ringhofer – Mitte der 1960er Jahre Leiter der Rechtsabteilung des Innenministeriums

123 Vgl. Heinz Mayer: Robert Walter – Werk und Person, in: Staatsrecht in Theorie und Praxis. Festschrift für Robert Walter, hrg. von Heinz Mayer, Wien 1991, XI-XIV, mit Schriftenverzeichnis 767-786. – sowie Hans R. Klecatsky: Robert Walter als Rechtspolitiker, in: ebenda, 317-329.

– wird von Jabloner und Walter 1995 kryptisch „als Partner und ‚Antipode' des damaligen Leiters des Verfassungsdienstes im Bundeskanzleramt, Edwin Loebenstein“ charakterisiert. Es entsprach auch Ringhofers Position als Anhänger von Kelsens „Trennungsthese“ von Moral, Politik und Recht, dass er „das [in den 1980er Jahren einsetzende] weitreichende Abrücken des VfGH vom ‚judicial self restraint', das den Gerichtshof so sehr in das politische Spiel bringen musste, nicht betrieben hat“ – so Robert Walter 1993.[124]

1971 verteidigte Ringhofer die Interpretationstheorie der Reinen Rechtslehre gegen Franz Bydlinskis Einwand, die Kelsen-Schule scheitere schon an der Unhaltbarkeit ihres „Lückenlosigkeitsdogmas“, da die Rechtslücke in § 7 ABGB sogar positiv-rechtlich festgeschrieben sei.[125] Dem Vorbild von Kelsens 1922 gemeinsam mit Georg Fröhlich und Adolf Merkl herausgegebenem Werk „Die Verfassungsgesetze der Republik Österreich“ folgend konzipierte Ringhofer 1977 auch den im Verlag des Österreichischen Gewerkschaftsbundes veröffentlichten Kommentar des österreichischen Bundesverfassungsrechts.[126]

---

124 Vgl. Robert Walter: Kurt Ringhofer zum Gedenken (mit Schriftenverzeichnis), in: Juristische Blätter 115 (1993), 647-649. Clemens Jabloner und Robert Walter: Kurt Ringhofer, in: Strukturprobleme des öffentlichen Rechts. Gedenkschrift für Kurt Ringhofer. (=Schriftenreihe des Hans Kelsen-Instituts 19), Wien 1995, 7-10. – Ludwig Adamovich: Kurt Ringhofer als Verfassungsrichter, in: ebenda, 11-19.

125 Vgl. exemplarisch für Ringhofers Nähe zur Reinen Rechtslehre, zu Ringhofers Auffassung über die Trennung von „wissenschaftlicher Arbeitshypothese“ und „ethischer Werthaltung“ Kurt Ringhofer: Interpretation und Reine Rechtslehre. Gedanken zu einer Kritik, in: Festschrift für Hans Kelsen zum 90. Geburtstag, Wien 1971, 198-210.

126 Vgl. Die österreichische Bundesverfassung. Das Bundes-Verfassungsgesetz mit Kommentar, die wichtigsten verfassungsrechtlichen Nebengesetze und Staatsverträge sowie einfachgesetzliche Durchführungsvorschriften des Bundes, herausgegeben von Kurt Ringhofer, Wien 1977.

Robert Walter eröffnete seine ersten beiden monographischen Schriften mit einem Bekenntnis zum reinen Normativismus von Kelsen, so 1960 im Vorwort zu „Verfassung und Gerichtsbarkeit“: „Theoretische Grundlage dieser Arbeit ist die Reine Rechtslehre. Damit ist ihre Begrenzung auf rechtliche Probleme gegeben. Einzelne historische Hinweise haben lediglich erläuternden Zweck.“[127] Einleitend zum „Aufbau der Rechtsordnung“ hieß es 1964: „Grundlage der vorliegenden Untersuchung ist – (...) die von Kelsen und seinem Kreise entwickelte normative Theorie des positiven Rechts (Reine Rechtslehre oder Wiener Schule der Rechtstheorie).“[128]

In einer Rezension der von Kelsen völlig neu bearbeiteten zweiten Auflage der „Reinen Rechtslehre“ von 1934 erklärte Walter diese als gleichsam wissenschaftlich immun: „Die Reine Rechtslehre will eine objektive, exakte, von allen naturwissenschaftlichen, vor allem soziologischen und psychologischen Elementen gereinigte, ihrer Eigenart, weil der Eigengesetzlichkeit ihres Gegenstandes bewusste Theorie des positiven Rechts sein, die ihren Gegenstand zu erkennen, nicht zu bewerten unternimmt. Da dem Rezensenten unbegreiflich ist, welches Argument – bleibt man auf dem Boden der Wissenschaft – gegen diesen Standpunkt ins Treffen geführt werden könnte, kann seine – (...) – Kritik nur eine intrasystematische sein.“[129]

Aus den 1960er Jahren stammen auch zwei Aufsätze zur Abwehr von Kelsen-Kritikern, 1961 eine Auseinandersetzung mit der Kelsen-Kritik von Karl Larenz, 1966 eine Replik auf Wolfgang

---

127 Robert Walter: Verfassung und Gerichtsbarkeit, Wien 1960, Vorwort.

128 Robert Walter: Der Aufbau der Rechtsordnung. Eine rechtstheoretische Untersuchung auf der Grundlage der Reinen Rechtslehre, Graz 1964, 13.

129 Robert Walter: Rezension von Hans Kelsen: Reine Rechtslehre (2. völlig neu bearbeitete Auflage, Wien 1960), in: Österreichische Juristen-Zeitung 15 (1960), 669f.

Waldsteins Innsbrucker Antrittsvorlesung mit dem Versuch, „von seiner Einsicht über das Wesen der römischen Rechtswissenschaft aus, gewisse Positionen der Reinen Rechtslehre anzugreifen“. Weder Larenz’ Einwände gegen Kelsens Sein/Sollen-Dualismus, noch dessen Bedenken gegen die Kelsen-Merklsche Interpretationstheorie und Stufenbaulehre ließ Walter gelten. Unter Berufung auf die „wissenschaftliche Wertlehre“ von Viktor Kraft formulierte er gegen Larenz’ „Methodenlehre“: „Der entscheidende Einwand Larenz’ gegen die Reine Rechtslehre gründet sich somit darauf, dass sie die erwähnte erkenntnistheoretische Frage, ob es eine wissenschaftliche Werterkenntnis gibt, verneint. Mit dieser – hier nicht näher zu erörternden – Lösung befindet sich die Reine Rechtslehre aber in Übereinstimmung mit der wissenschaftlichen Wertlehre, wenn auch nicht mit einer Wert-Metaphysik. Dass auch Larenz versucht, über die Grenzen der Erkenntnis hinauszugehen, zeigt einmal mehr, dass auf dem Gebiet der Jurisprudenz der Weg vom Ursprung bis zum Ende der Metaphysik noch nicht zurückgelegt ist.“[130]

Walters Position zur laufenden Grundrechtsreform ist dem gedruckten, auf einer Tagung der österreichischen Gesellschaft für Arbeits- und Sozialrecht im März 1967 gehaltenen Vortrag zu entnehmen. Nicht nur den sozialen Grundrechten, vor allem dem Recht auf Arbeit, das als subjektives Recht planwirtschaftliche Konsequenzen nach sich ziehe, als Programmsatz Justitiabilitätsprobleme, die zum Richterstaat führen, stand Walter ablehnend gegenüber. Skepsis äußerte er auch im Hinblick auf die Grundrechtsreform insgesamt. Ein Grundrechtskatalog wie 1867, „in dem geschlossen, systematisch, in einprägsamer Weise die grundlegen-

---

130 Vgl. Robert Walter: Die Reine Rechtslehre in der Kritik der Methodenlehre Larenz’, in: Österreichische Juristen-Zeitung 16 (1961), 477-480 und Robert Walter: Rechtsgeschichte gegen Rechtstheorie?, in: Juristische Blätter 88 (1966), 351-354.

den Rechtsvorschriften formuliert sind“, wird Illusion bleiben, so Walters zutreffende Prognose. In Wirklichkeit war bereits das Grundrechtssystem von 1867 weniger strikt normatives Regelwerk als „Deklamation“ liberaler politischer Parolen, ungenau, mit begrenzter „normativer Kraft“, von Gesetzesvorbehalten durchbrochen: „Das ist kein Zufall. Denn es war bereits damals unmöglich, strikte Normen in lapidaren Sätzen zu formulieren.“ Das Bonner Grundgesetz (1949) und die Europäische Menschenrechtskonvention (1950) widerlegen für Walter nicht den berechtigten Zweifel, dass „unsere Zeit zur Grundrechtsgesetzgebung klassischer Art“ kaum befähigt ist: Die Grundrechtssätze des Grundgesetzes verkommen in dieser Einschätzung zu Leerformeln, die „jede Rechtssicherheit, die eben das formelle Rechtsstaatsprinzip fordert“, unterwandern und damit den „Weg zum Richterstaat“ öffnen: „Betrachten wir die Grundrechtssätze des Bonner Grundgesetzes, so sehen wir, wie wenig es sich dabei um präzise normative Anordnungen, und in welch hohem Maße es sich lediglich um Worte handelt, mit denen freilich die deutsche Rechtswissenschaft trefflich zu streiten versteht, und aus der sie manch ein System zu bereiten wusste. Dass diese entwickelten Systeme voneinander nicht unerheblich abweichen, bestätigt die Bedenken.“

Ganz „ideologiekritischer“ Verfechter der allerdings gesellschaftliche Widersprüche ausblendenden Reinen Rechtslehre forderte Walter 1967 für die laufende österreichische Grundrechtsreform Verzicht auf „Heilslehren“ ähnelnde „ideologiebeladene Grundrechte“, Verzicht auf Sätze, „die keine normative Bedeutung haben – mögen sie als Aufhänger für politische Forderungen oder zur Befriedigung sentimentaler Bedürfnisse noch so geeignet sein“. Ferner forderte Walter Verzicht auf „einfache, einprägsame Sätze“, somit den „Abschied von den uns vertrauten schönen Sätzen, wie ‚das Eigentum ist unverletzlich‘, ‚die Wissenschaft und ihre Lehre ist frei‘ u. dgl“. Unbestimmte Grundrechtsnormen – gemeint sind wohl naturrechtlich inspirierte Präambeln (über Menschenwürde etc.) – gefährdeten außerdem die Kompetenz der Gesetzgebungsorgane im demokratischen Staat: „Ein neuer rationaler Stil der Grundrechtsgesetzgebung muss entwickelt werden! “[131]

Das Expertenkollegium war insgesamt von zumeist der ÖVP nahe stehenden Professoren dominiert. Den offiziellen Parteivertretern der ÖVP (Karl Kummer, Michael Graff, Alexander Nemecz) standen Vertreter des Koalitionspartners SPÖ (Wilhelm Rosenzweig, Karl Mark, Leopold Gratz) und zwei der oppositionellen FPÖ angehörende Juristen gegenüber.

Eigentlicher FPÖ-Vertreter war Klubobmann **Emil van Tongel** (1902-1981, Dr.jur. Univ.Wien 1926, Mag.pharm. Univ.Wien 1928, ab 1959 FPÖ-Nationalratsabgeordneter, 1964-1970 FPÖ-Klubobmann, 1938 im NS-Propaganda-Apparat Wien tätig gewesen).[132]

Hinzugezogen wurde der ehemalige VdU- und FPÖ-Abgeordnete Helfried Pfeifer. **Helfried Pfeifer** (1896-1970, 1922 Eintritt in den Verwaltungsdienst, 1935 Habilitation an der Universität Wien für Verwaltungsrecht, 1940 Professor für Staats- und Verwaltungsrecht, 1945 entlassen, 1956 Wiederverleihung der Dozentur und 1965 Verleihung eines Titularordinariats, vor 1938 der Großdeutschen Partei zugehörend, 1949 bis 1956 Nationalratsabgeordneter des VdU, 1956 bis 1959 der FPÖ)[133] war zwischen 1938 und 1945

---

131 Vgl. Robert Walter: Die Grundrechte mit Arbeitsrechtsbeziehung und die Neufassung des österreichischen Grundrechtskataloges. Vortrag, Wien 1967, 16-18.

132 Über van Tongel vgl. – wie bei allen genannten Abgeordneten – Biographisches Handbuch der österreichischen Parlamentarier 1918-1998, hrg. von der Parlamentsdirektion, Wien 1998. – und Gerhard Botz: Wien vom „Anschluss“ zum Krieg. Nationalsozialistische Machtübernahme und politisch-soziale Umgestaltung am Beispiel der Stadt Wien 1938/39, Wien-München 1978, 155.

133 Biographische Daten zu Helfried Pfeifer nach Kürschners Deutschem Gelehrten-Kalender 1970, Berlin 1971, 2244f. (mit Schriftenverzeichnis). –

durch aggressives Kommentieren des nazistischen Verfassungs- und Verwaltungsrechts hervorgetreten. Abgesehen davon, dass er Carl Schmitt in dessen Bemühen, jüdische Autoren in Fußnoten zu kennzeichnen, folgte und so nicht nur seinen Wiener Kollegen Eric Voegelin, sondern auch F.J. Stahl (als „ursprünglich Jul. Jolson!") markierte, folgte er den führenden deutschen Kommentatoren des NS-Staatsrechts Carl Schmitt und Ernst Rudolf Huber auch in deren auf die Jahre der Weimarer Republik zurückgehenden Abwertung des normativen Verfassungstextes, der dem Führerprinzip nie gerecht werden könnte: „Die Unzulänglichkeit der rein normativen Verfassung, die uns über die wirkliche, lebendige Verfassung eines Volkes oder Staates nur wenig besagt, hat ja neuerdings Ernst Rudolf Huber in Weiterbildung der Verfassungslehre von Carl Schmitt vor Augen geführt." Dieser bürgerlich-akademischen Linie folgend erhob Pfeifer 1941 in seiner auch die „Nürnberger Rassengesetze" mit Hinweis auf militant rassistisch-antisemitische Literatur kommentierenden „Ostmark"-Rechtssammlung „Bekanntgaben" des Propagandaministeriums und Textstellen aus Hitlers „Mein Kampf" in den Rang von Rechtsquellen.[134]

Über Pfeifers Wiener Professur während der Nazi-Periode vgl. Oliver Rathkolb: Die Rechts- und Staatswissenschaftliche Fakultät der Universität Wien zwischen Antisemitismus, Deutschnationalismus und Nationalsozialismus 1938, davor und danach, in: Willfährige Wissenschaft. Die Universität Wien 1938-1945, Wien 1989, 197-232.

134 Vgl. Helfried Pfeifer: Die Staatsführung nach deutschem, italienischem und bisherigem österreichischen Recht. Mit einem Nachtrag über die Wiedervereinigung Österreichs mit dem Deutschen Reiche, Wien-Leipzig 1938, IV, 8, 17, 23, 47. – Helfried Pfeifer (Bearbeiter und Hrg.): Die Ostmark. Eingliederung und Neugestaltung. Historisch-systematische Gesetzessammlung nach dem Stande vom 16. April 1941, Wien 1941, V, 30, 50, 165-186. – Zu Pfeifers deutschnationaler Einstellung im Zeitpunkt, als er Mitglied des Expertenkollegiums war, vgl. Helfried Pfeifer: Volk, Staat und Nation. (=Aula-Schriften 3), Graz 1967.

Es war also nicht zutreffend, wenn Felix Ermacora 1966 – vom antifaschistischen Widerstandskämpfer Eduard Rabofsky 1988 eingehend widerlegt[135] – in einer Würdigung von Pfeifer in den angesehenen „Juristischen Blättern" meinte, dass es sich abgesehen von der Widmung an Hitler, des in NS-Diktion gehaltenen Vorworts, „die befremdend wirken", um einen rechtstechnisch einwandfreien Kommentar gehandelt hat, der – Ermacora scheute diese Einschätzung nicht! – „für das Verständnis der Wiederherstellung der österreichischen Rechtsordnung im Jahre 1945 von grundlegender Bedeutung" war.[136]

Nach 1945 veröffentlichte Pfeifer zu verschiedenen Rechtsfragen (u.a. Sozial- und Fürsorgerecht, Gnadenrecht, Amtshaftungsrecht, Abgeordnetenrecht, Ministerverantwortlichkeit oder zur Sozialcharta), vor allem aber bekämpfte Pfeifer, der seine Entlassung von 1945 vergeblich vor dem Verfassungsgericht anfocht, die Gesetzgebung gegen den NS-Faschismus als grundrechts- und menschenrechtswidrig. Sie hat nach seiner Auffassung zur Folge gehabt, dass „in Wirklichkeit das Jahr 1945 noch nicht die Wiederherstellung der Grundrechte gebracht" hat.[137]

---

135 Vgl. gegen Ermacoras Pfeifer-Würdigung Eduard Rabofsky: Verschweigen und Vergessen. Österreichische Formen von Restauration, in: Restauration im Recht. Jahrbuch für Sozialökonomie und Gesellschaftstheorie, Opladen 1988, 73-99, hier 91-95.

136 Vgl. Felix Ermacora: Helfried Pfeifer – 70 Jahre, in: Juristische Blätter 88 (1966), 613f.

137 Zu Pfeifers Auftreten im Grundrechtskollegium vgl. dessen Klage über die NS-„Ausnahms"-Gesetzgebung von 1945-1947 Helfried Pfeifer: Die Bedeutung der Europäischen Menschenrechtskonvention für Österreich, in: Festschrift für Karl Gottfried Hugelmann zum 80. Geburtstag I, hrg. von Wilhelm Wegener, Aalen 1959, 399-452, hier 408f. und insgesamt ders.: Gedanken zur Neuregelung der Grundrechte (1965), in: Zur Reform der österreichischen Innenpolitik 1955-1965, 2 Bände, hrg. von René Marcic, Erhard Mock, Franz-Martin Schmölz und Erika Weinzierl, Wien 1966/68, Band 2, 731-736.

Die sozialdemokratische Position wurde im Grundrechtskollegium von Wilhelm Rosenzweig, **Leopold Gratz**[138] und Karl Mark vertreten.

Der aus dem Widerstand der Revolutionären Sozialisten gegen das Dollfuß-Schuschnigg-Regime und aus dem gemeinsam mit den Kommunisten organisierten militärischen Widerstand gegen das NS-System stammende **Karl Mark** (1900-1991), 1945 Bezirksbürgermeister von Döbling, hatte als Mitglied der linken, an Otto Bauers „integralem Sozialismus" ausgerichteten „Scharf-Mark-Krones-Gruppe" lange den „Umdrehungsversuchen" der nach 1945 dominierenden rechtssozialdemokratischen Parteiführung widerstanden. Nach dem Parteiausschluss von Erwin Scharf 1948 und der Gründung einer der KPÖ nahe stehenden Sozialistischen Arbeiterpartei beugte sich Karl Mark aber der SPÖ-Disziplin als so genanntes „linkes Gewissen". Dies veranlasste Erwin Scharf in seinen Erinnerungen 1988 zu folgender Beobachtung: „Karl Mark hingegen blieb [nach 1948] der ‚ewige Linke' in der SPÖ: Er fand Rechtfertigung für sein Verbleiben und war damit mitverantwortlich für eine verhängnisvolle [reformistische] Politik, die er – gegen besseres Wissen – mitgemacht hat."[139]

Karl Mark beschrieb 1986 den nach 1945 einsetzenden Niedergang der „linken Tradition Otto Bauers" zugunsten der „rechten Pragmatik Karl Renners". Mark bekannte sich auch am Ende seines politischen Lebens zur linken Opposition in der SPÖ: „Ich bekenne mich als einer letzten von denen, die in der Zeit vor 1934 führend in der damaligen Parteiopposition tätig waren, zu deren Grundsatz,

138 Leopold Gratz (Jg.1929), Mag.jur. Univ.Wien, Klubmitarbeiter der SPÖ, 1963 bis 1966 Mitglied des Bundesrats, ab 1966 Nationalratsabgeordneter, SPÖ-Klubobmann, ferner Unterrichtsminister, Bürgermeister von Wien, Außenminister und Nationalratspräsident.

139 Erwin Scharf: Ich hab's gewagt mit Sinnen... Entscheidungen im antifaschistischen Widerstand. Erlebnisse in der politischen Konfrontation, Wien 1988, 183.

der sich in der Wahl des Namens erkennen lässt: ‚Die Linke in der SDAP'."[140]

Karl Mark – mit Rosa Jochmann jahrelang Vorstand des Bundes sozialistischer Freiheitskämpfer – brachte – wenn auch isoliert – gelegentlich Elemente seiner „linkssozialistischen" Aktivität aus der Zeit nach 1945 in die Beratungen des Expertenkollegiums ein, zumal er – als einziges Kollegiumsmitglied – durchgehend von der Erfahrung des aktiven antifaschistischen Kampfs von 1933 bis 1945 geprägt war: Die Hoffnung, mit Hilfe von Sozialisierung bzw. Verstaatlichung der Schwerindustrie und Großbanken die geschichtlichen Lehren aus dem verbrecherischen Bündnis von Faschismus und Monopolkapital ziehen zu können, bestimmte die Haltung Marks, der erfahren hatte, dass das privatwirtschaftlich organisierte kapitalistische System zum sozialen Massenelend (zweier Weltkriege) führte. Mark verteidigte vor diesem Hintergrund die Verstaatlichungspolitik von 1946 gegen eine oft populistische „Proporzkritik". Die rechtswissenschaftliche Kontroverse über die Privatwirtschaftsverwaltung war Mark folglich so fremd wie die juristischen Versuche, die Verstaatlichte in die Nähe der Grundrechtsgefährdung zu rücken.

Maßgeblicher Exponent der SPÖ im Expertenkollegium war der die reformistische Sozialdemokratie repräsentierende **Wilhelm Rosenzweig** (1908 in Galizien geboren, Studium der Rechte in Wien, seit 1926 Mitglied der SDAP, seit 1928 der Sozialistischen Studenten, Dr.jur. 1932, im Vorstand des von Karl Renner geführten Vereins Sozialdemokratischer Juristen, 1938 Entzug der Rechtsanwaltsbefugnis durch das NS-Regime, Emigration nach England, nach 1945 Mitbegründer des Bundes Sozialistischer Akademiker, ab 1958 ständiges Mitglied des VfGH, Anwalt der „Arbeiterzei-

140 Karl Mark: Vorwort zu Fritz Weber: Der Kalte Krieg in der SPÖ. Koalitionswächter, Pragmatiker und Revolutionäre Sozialisten, Wien 1986, XIII. – mit weiteren biographischen Informationen über Mark in Webers Buch.

tung“, Mitglied des Aufsichtsrates der Länderbank, der VOEST-Alpine, u.v.a.m.).[141]

Als rechter Sozialdemokrat befürwortete Rosenzweig – auch unter dem Eindruck der englischen Exiljahre – den reformistischen Weg orientiert am Modell der „angelsächsischen Demokratie“. Als Anhänger der 1946 zurückhaltend erfolgten österreichischen Verstaatlichung widersprach Rosenzweig der bürgerlich-akademischen Kritik der staatlichen Privatwirtschaftsverwaltung. Rosenzweig hing sozialdemokratischen Illusionen über eine dauerhaft harmonische Entwicklung eines modernen Sozial- und Wohlfahrtsstaats unter den Bedingungen einer kapitalistischen Ökonomie an.

Ein persönliches Grundrechtsprogramm präsentierte Rosenzweig – im Expertenkollegium auch Gegner des „Richterstaates“, Kritiker pathetischer Grundrechtspräambeln und Gegner der Idee der „wehrhaften Demokratie“ – 1964 auf dem zweiten österreichischen Juristentag, auf dem er als ein Hauptreferent zum Melichar-Gutachten über die „Entwicklung der Grundrechte in Österreich“ vortrug.

Rosenzweig hat sich in diesem Vortrag vor allem mit dem Problem der Transformation völkerrechtlicher Grundrechtsnormen, der innerstaatlichen Anwendbarkeit, der Frage der Einordnung in den Stufenbau der innerstaatlichen Rechtsordnung (Verfassungsrang), mit dem Problem eines hinlänglichen nationalen Grundrechtsschutzes infolge der MRK-Ratifikation und mit der Auswirkung der Grundrechtsuspendierungsnormen in der MRK beschäftigt. Abschließend formulierte Rosenzweig ein kurzes Reformprogramm, er erklärte die Aufstellung eines neuen Grundrechtskataloges zur „großen aktuellen Aufgabe“: Neben der Forderung, alle „Verwal-

141 Vgl. Rudolf Machacek: Wilhelm Rosenzweig, sein Leben und Wirken, in: Dimensionen und Perspektiven des Rechts. Festschrift für Wilhelm Rosenzweig, hrg. von Peter Kostelka, Rudolf Machacek u. Oswin Martinek, Wien 1988, 1-7.

tungsstrafsachen durch unabhängige und unparteiische Richter" klären zu lassen, also den diesbezüglichen österreichischen MRK-Vorbehalt zu revidieren, neben Forderungen zur Reform der öffentlichen Gerichtsbarkeit durch Veränderungen im Kompetenzgefüge von Verfassungs- und Verwaltungsgerichtshof verlangte Rosenzweig – auch hier vergeblich und erfolglos – die Inartikulierung sozialer Grundrechte durch Ratifikation der Europäischen Sozialcharta im Verfassungsrang.[142]

Wilhelm Rosenzweigs Interpretation von Art. 17 MRK widersprechend stellte Hans Beck, Wiener Anwalt,[143] die These auf, dass diese Bestimmung viel mehr impliziert, als Rosenzweig zugestand. Art. 17 MRK bedeute nicht nur, „dass nunmehr antidemokratische Tendenzen auf Grund dieser Bestimmung mit einfachem Gesetz verhindert werden können und müssen", er bedeute in vielen Bereichen Unabänderlichkeit von Grundrechten.

Rechtsanwalt **Hans Beck** (1897-1970) war wie Rosenzweig Opfer des Nazirassimus, 1938 vertrieben hielt er sich zumindest 1941 in Indien auf.[144] Im Unterschied zum bereits seit den zwanziger Jahren sozialdemokratisch agnostischen Rosenzweig nahm Beck nach seiner Rückkehr eine religiöse Entwicklung. Sein Denken war

---

142 Vgl. Wilhelm Rosenzweig: Referat zur „Entwicklung der Grundrechte in Österreich" (1964), in: Verhandlungen des Zweiten Österreichischen Juristentages II/2/1, Wien 1964, 26-58.

143 Mit **Armin Dietrich** war ein weiterer Anwalt im Expertenkollegium vertreten: Armin Dietrich (1909-1995), Matura Klagenfurt 1927, Dr.jur. Univ. Wien 1932, 1939 Eintragung in die Liste der Wiener Anwaltskammer. Einstellung der Berufsausübung durch Beschluss des Staatsamtes für Justiz vom 7. August 1945. Nach Aufhebung des Beschlusses durch die Bezirkshauptmannschaft Klagenfurt 1949 Eintragung in die Liste der Kärntner Rechtsanwälte, von 1961 bis 1982 Präsident der Rechtsanwaltskammer für Kärnten, ab 1966 Ersatzmitglied des Verfassungsgerichtshofs. – Lt. Auskunft des Kärntner Landesarchivs und der Kärntner Anwaltskammer.

144 Stadtarchiv Wien, Meldematrikel Stadt Wien und Mitteilung des Magistrats der Stadt Wien vom 28. Mai 2002.

nach 1945 von einer theistisch naturrechtlichen Kelsen-Kritik durchzogen. Beck hat sich wiederholt zur Unabänderlichkeit des angeblich präpositiven Rechtstaatsprinzips und der „Grundfreiheiten“ (Menschenwürde) bekannt. Becks Wortmeldungen im Expertenkollegium sind im Kern in seinem Diskussionsbeitrag am Juristentag 1964 vorweggenommen. Art. 17 MRK konstituiert nach Beck die „Unaufhebbarkeit der in ihr vorgesehenen Grundfreiheiten“. Die MRK ist nach Beck durch Art. 17 und vor allem durch ihre Präambel naturrechtlich geprägt, weshalb Österreichs Beitritt zur Menschenrechtskonvention einen fundamentalen Bruch mit dem – in der Interpretation Becks – positivistisch Kelsenschen Geist der Bundesverfassung bedeutet. Art. 17 MRK, der mit der Bundesverfassungsnovelle 1964 zu „geltendem Verfassungsrecht“ geworden ist, derogiert nach Beck teilweise dem Art. 44 (2) B-VG, der im Gegensatz zu Art. 79 (3) Bonner Grundgesetz praktisch jede Gesamtänderung der Bundesverfassung, insbesondere des Rechtstaatsprinzips oder die Beseitigung der „Menschenwürde“ zulasse. Artikel 44 (2) B-VG erschien Beck geradezu als Inbegriff eines bedrohlichen „extremen Rechtspositivismus“. Der Artikel 44 (2) B-VG war für Beck die Verkörperung der Kelsenschen Theorie, die besage: „Jeder Inhalt kann Recht sein.“ Mit dem Beitritt Österreichs zur MRK (1958/1964) schien Beck eine weitreichende Zäsur der österreichisch republikanischen Verfassungsentwicklung mit weitgehenden Grundrechtsreformbedarf vorzuliegen: „Der Eintritt des Prinzips der Unaufhebbarkeit der Grundrechte in unsere Verfassung ist zweifellos ein historisches Ereignis. Damit ist aber ein Widerspruch, der unserer Verfassung innewohnt, offenbar geworden. Aus diesem Grunde bedarf es eines Umbaus der Verfassung, der weit über eine Erweiterung des Grundrechtskatalogs hinausgeht.“

Beck forderte eine vorrechtliche Verankerung des Rechtstaatsprinzips, der Grundrechte, da ohne eine solche der Kelsensche „Agnostizismus“ und „Wertrelativismus“ zum Tragen komme. Für

Beck war Kelsen eine Art Rechtstaatszyniker, der einen Staat im material-ethischen Sinn für säkularisierte Theologie, für Ideologie hielt: „Kelsen freilich negiert den Rechtsstaat. Er lehrt, dass der Staat gleich dem Recht und jede Rechtsordnung zugleich Staat ist." Beck forderte, die anstehende Grundrechtsreform mit einer grundlegenden Verfassungsrevision zu verbinden: „Um aber den Rechtsstaat zu fundieren, benötigen wir unaufhebbare, weil präpositive Grundsätze, die wir juristisch fixieren müssen."[145]

Die Verstaatlichung und Staatsvertragsdurchführung (Stichworte: Enteignung, „Deutsches Eigentum", „Kontrollbankschulden") war für Beck 1958 Anlass zur Klage über eine „in zunehmenden Maße kasuistische, auf bestimmte Sondertatbestände und Interessenkomplexe zugeschnittene Gesetzgebung". Der Gleichheitssatz und das Recht auf den gesetzlichen Richter standen nach Beck zur Disposition einer willkürlichen Maßnahmengesetzgebung. Beck erklärte sich diesen Prozess mit der Lösung von der „Gerechtigkeitsidee des Naturrechts", aus einem Siegeszug des Rechtspositivismus, dessen extreme Formulierung von Kelsen stammt: Kelsen reduziere nämlich das Recht auf die „Zwangsnorm", auf einen formalen „Erzeugungszusammenhang", auf den „Rechtssatz". Beck beklagte Kelsens Polemik gegen „naturrechtliche" und „metajuristische" Erscheinungen: „Da Kelsen auch der Schöpfer unserer Bundesverfassung ist, erscheint es erklärlich, dass deren höchst geistreich ersonnene formaldemokratische ‚Garantien der Verfassung' versagen, wo es gilt, dem Staatsunrecht, eben dem vom Staate selbst unmittelbar durch seine Gesetze erzeugten Unrecht, zu begegnen."

Kelsen (-Merkls) Stufenbautheorie verankert in einer formal hypothetischen Grundnorm führt nach Beck zum Schrecken eines

---

145 Vgl. Hans Beck: Diskussionsbeitrag [zu Art. 17 MRK], in: Die Entwicklung der Grundrechte. Verhandlungen des zweiten Österreichischen Juristentages II/2/I, Wien 1964, 61-65.

inhaltlich völlig ungebundenen Gesetzgebers: Dieser „kann schlechthin alles beschließen, was ihm beliebt, unbekümmert um Moral, Religion, Philosophie, Naturrecht (...)." Beck bemühte auch das Unrechtsargument, wonach der Positivismus die Willkür der „totalitären Staaten", des Nazismus, als Recht legitimiert.

Beck, der eine naturrechtliche Ausrichtung des rechtsphilosophischen Denkens an der „abendländischen, also wesentlich christlichen Kultur" verlangte, der den Wohlfahrtsstaat als einen „Götzen" bezeichnete, und explizit erklärte, nur ein theistisches Bekenntnis, nur das sich regieren lassen „von Gott" könne vor Tyrannei schützen, berief sich auf Papst Pius' XII. Erklärungen zum „auf das Prinzip der Gerechtigkeit gegründeten richtigen Recht", das dem „falschen, weil auf das bloß Tatsächliche abgestellten Recht" entgegenzusetzen ist, also auch der Reinen Rechtslehre, wie Beck unter steter Kritik des „extrem-rechtspositivistischen Nihilismus" betont.[146]

Beck, der einer fast gläubigen Überhöhung des Rechtstaatsprinzips – über das demokratische Bauprinzip hinaus – anhing, hielt es 1964 vor allem für bedrohlich, dass es juristisch möglich ist, das „Habsburg-Erkenntnis" des Verwaltungsgerichtshofs „im Wege einer Volksabstimmung und somit durch ein qualifiziertes Verfassungsgesetz im Sinne des Art. 44 (2) B-VG zu beseitigen": Nur die Anerkennung des rechtsstaatlichen Prinzips als eines „auf einer anderen – höheren – Ebene, als dies für die Ideen der Demokratie, der Republik, des Parlamentarismus, des Bundesstaates gilt", angesiedelten Grundsatzes kann diese Zerstörung verhindern: „Die Rechtsstaats-Idee erweist sich damit auch für den österr. Rechtsbereich als präpositives Prinzip." Die „Gleichheit" oder die „Würde des Menschen" (als „Urrecht" in § 16 ABGB sogar normiert) erklärt Beck

146 Vgl. Hans Beck: Gefahren des extremen Rechtspositivismus in der österreichischen Gesetzgebung, in: Österreichische Juristen-Zeitung 13 (1958), 533-539.

gegen Kelsens Polemik wider das „Metajuristische" als notwendig vorstaatliche, vorrechtlich moralische Prämissen. Nunmehr gestützt auf die Enzyklika „Pacem in terris" von Papst Johannes XXIII. postuliert Beck – nicht zufällig auch ein (antikommunistischer) Anhänger der „wehrhaften Demokratie": „Den ‚Grundrechten' mit ‚naturrechtlichem Hintergrund', mit ‚überpositivem Gehalt', den ‚allgemeinen' und ‚elementaren Menschenrechten', den Grundrechten, welche ihrem Geltungsgrund nach ‚vorstaatlichen Ursprungs' sind (im Gegensatz zu den ‚schlichten Grundrechten') entspricht auf der Ebene der ‚Normqualität' – deren ‚Unaufhebbarkeit' oder ‚Unantastbarkeit'."[147]

147 Vgl. Hans Beck: Qualifiziertes Verfassungsgesetz und Rechtsstaat, in: Juristische Blätter 86 (1964), 300-306.

3. Grundrechtsreform als „klassenneutrales“ Anliegen. Das Fehlen des antifaschistisch sozialistischen Lagers, das Ausblenden der historisch-materialistischen Rechtsanalyse

Im Expertenkollegium war Karl Mark, innerhalb der SPÖ dem ein Scheinleben fristenden „linken Flügel“ zugerechnet, vertreten. Mark – Wilhelm Rosenzweig, früh im Umfeld Karl Renners, war ja ein Exponent der rechtsreformistischen Sozialdemokratie – stammte aus dem austromarxistischen Widerstand gegen den Dollfuß-Schuschnigg-Faschismus und gegen das NS-Regime.

Nichtsdestotrotz fanden sich im entpolitisiert auftretenden Grundrechtsreformkollegium keine Vertreter einer profiliert sozialistischen Rechtsposition, die aus der historisch-materialistischen Tradition[148] her gegen die bürgerliche Professorendominanz, die

148 Vgl. Karl Marx: Zur Judenfrage (1843), in: Marx-Engels Werke (=MEW) 1, Berlin 1981, 347-377, hier vor allem 362ff. – Friedrich Engels und Karl Marx: Die heilige Familie oder Kritik der kritischen Kritik. Gegen Bruno Bauer & Consorten (1845), in: MEW 2, Berlin 1980, 3-223, hier 118-123. Zur Irrelevanz sozialer Grundrechte unter kapitalistischen Bedingungen vgl. Karl Marx: Die Klassenkämpfe in Frankreich 1848 bis 1850 [1850], in: MEW 7, Berlin 1978, 9-107 hier 41f.: Marx lässt das „Recht auf Arbeit“ nur als „erste unbeholfene Formel, worin sich die revolutionären Ansprüche des Proletariats zusammenfassen“, gelten, es wird als ein erster widersprüchlicher Versuch zur „Aufhebung der Lohnarbeit, des Kapitals“ akzeptiert: Das Recht auf Arbeit „wurde verwandelt in das droit à l'assistance, in das Recht auf öffentliche Unterstützung, und welcher moderne Staat ernährt nicht in der einen oder andern Form seine Paupers? Das Recht auf Arbeit ist im bürgerlichen Sinn ein Widersinn, ein elender, frommer Wunsch, (...).“ – Vgl. Margarete Grandner: Das Recht auf Arbeit, in: Grund- und Menschenrechte. Historische Perspektiven – Aktuelle Problematiken, hrg. von Margarete Grandner, Wolfgang Schmale und Michael Weinzierl, Wien-München 2002, 257-291. Zu den Grundrechten aus marxistischer

nicht selten klassenabstrakt von der Gefahr der Kollektive sprach, und damit die Bedrohung durch Gewerkschaften und Streiks meinte, den Zusammenhang von (sozialen) Grundrechten und kapitalistischer Ökonomie effizient zum Thema hätte machen können.

Noch mehr als in der bundesdeutschen Grundrechtsdebatte machte sich in Österreich das Fehlen einer materialistischen Juristentradition bemerkbar. Der Denker des „sozialen Rechtstaats“ und Verteidiger der Weimarer Verfassung gegen den faschistischen Carl Schmittschen Dezisionismus **Hermann Heller** (1891-1933), „altösterreichischer“ Absolvent der Universitäten Innsbruck, Wien und Graz, war im Gefolge seiner fast vollständigen gedanklichen Auslöschung durch den Faschismus in Österreich noch mehr der Vergessenheit anheim gefallen als in der Bundesrepublik Deutschland. Nicht zufällig wird auch im Expertenkollegium Ernst Forsthoff ständig als Autorität, Hermann Heller hingegen fast nie zitiert, was dessen versuchte Auslöschung nachträglich reproduzierend bestätigte.

Dieser Umstand rechtfertigt eine die Tagungsprotokolle des Expertenkollegiums historisch-politisch relativierende Gegenlektüre von sozialistischen Juristen wie Franz Neumann, Otto Kirchheimer, Wolfgang Abendroth oder Helmut Ridder oder – um auch einen österreichischen Juristen zu zitieren – von Eduard Rabofsky.

Der 1933 ins Exil vertriebene Gewerkschaftsjurist **Franz L. Neumann** (1900-1954), der 1936 in London die grundlegende dogmengeschichtliche Arbeit „Die Herrschaft des Gesetzes“ („Rule of Law“) und 1942 im amerikanischen Exil mit „Behemoth. Struktur und Praxis des Nationalsozialismus“ eine entscheidende Faschismus-Analyse vorlegen sollte,[149] nimmt die Grundrechte am

---

Sicht vgl. Hermann Klenner: Studien über die Grundrechte. Mit Dokumentenanhang, Berlin 1964.

149 Vgl. Alfons Söllner: Franz L. Neumann. Skizzen zu einer intellektuellen und politischen Biographie, in: Franz L. Neumann: Wirtschaft, Staat, De-

Ende der Weimarer Republik 1930 als Anhänger einer „legalitätsbezogenen Reformpolitik“ noch ernst, auch wenn diese von der bürgerlichen Jurisprudenz als Schutzwall wider demokratische Verfassungsintention ausgelegt werden, indem vor allem die Demokratie als Gefahr des liberalen Rechtstaats hingestellt wird. Neumann zog ins Kalkül, dass die Grundrechte von Teilen der bürgerlichen Staatsrechtslehre als „vorstaatlich“, damit unantastbar die bürgerlich-liberale Sekurität garantierend aufgefasst wurden. Neumann plädierte deshalb gegen die Ideologie der „vorstaatlichen Freiheitsrechte“ bzw. der „unverletzlichen Grundrechte“, es gibt ihm zufolge nur positive und damit jederzeit abänderbare verfassungsgesetzlich gewährleistete Rechte.

Obwohl Neumann die von Marx und Engels in der „Heiligen Familie“ (1845) oder in der „Kritik des Gothaer Programms“ (1875) geübte Analyse des Widerspruchs von liberalen Grundrechten und Sozialismus nicht zur Seite schob, ging er von einer möglichen Transformation der Weimarer Reichsverfassung (=WRV) in Richtung Sozialismus aus. Neumann widersprach im Streit über die „politische Grundentscheidung“ der Weimarer Verfassung vor allem Carl Schmitt: „Es ist die Frage zu stellen und zu beantworten, ob die Weimarer Verfassung sich für die Prinzipien des bürgerlichen Rechtsstaates: für Freiheit und Eigentum – oder gegen diese Grundsätze des bürgerlichen Rechtsstaates – entschieden hat, und wenn sie sie verneint, wie diese Entscheidung positiv ausgefallen ist.“ Ein Blick auf die Weimarer Grundrechtsnormen zeigt Neumann, dass „von einer Heiligung der kapitalistischen Freiheitsprinzipien in der Verfassung nicht die Rede sein kann“.

Gegen zweierlei richtete Neumann seine Grundrechtsinterpretation, gegen die „liberale Gleichheitsideologie“ und gegen die historisch zunehmend antidemokratisch wirkende Rechtstaatsidee. Letz-

---

mokratie. Aufsätze 1930-1954, hrg. von Alfons Söllner, Frankfurt 1978, 7-56.

tere diene nur mehr „der Aufrechterhaltung von Freiheit und Eigentum des Bürgertums“: „Der bürgerlichen Demokratie, dem bürgerlichen Rechtsstaatsideal entspricht der negative Gleichheitsbegriff: Jeder hat die gleiche Chance in Handel und Verkehr. Es ist im bürgerlichen Rechtsstaat ein positiver Gleichheitsbegriff schlechthin unvorstellbar. Wäre nämlich die Gleichheit vor dem Gesetz material bestimmt, würde es also zur Aufgabe des demokratischen Staatswesens gehören, über die Abwehr von Störungen für Freiheit und Eigentum des Besitzbürgertums hinaus noch weitere Ziele positiv zu verwirklichen, so würde ein unlösbarer Konflikt mit diesen liberalen Freiheitsrechten entstehen, die als vorstaatliche Rechte geheiligt sind.“

Neumann bezweifelte, dass das Gleichheitsprinzip (Art. 109 WRV) nur formal liberale Egalität im negativen Abwehrsinn (status negativus) und im Sinn der politischen Partizipation (status activus) zum Ziel hat. Vielmehr ging er davon aus, dass „der Gleichheitssatz auch eine positive ökonomische und soziale Gleichheit fordert“. Neumann zufolge ist der liberale Gleichheitsgedanke nicht exklusiv verankert: „Denn die Verfassung ist im entscheidenden Teil ein Werk der Arbeiterklasse.“ Bei historisch-soziologischer Überlegung ergibt sich für Neumann, dass die seit der Novemberrevolution von 1918 an der Staatsmacht beteiligte Arbeiterklasse nicht einem rein liberal-kapitalistischen Gleichheitsprinzip zugestimmt haben kann – ein Argument, das analog auch für die zeitgleiche österreichische Verfassung gilt.

Für Neumann stand der Sozialstaatsgedanke seit der bürgerlich französischen Revolution von 1789 auf der Tagesordnung. Der Kampf zwischen Gironde und Bergpartei ist „nichts weiter als die Auseinandersetzung zwischen der Rechtsstaatsidee des Besitzbürgertums und ihrem negativen Gleichheitsideal und der sozialen Rechtsstaatsidee Robespierres und seinem materialen Gleichheitsgedanken.“ Mit dem Sturz der Jakobiner fielen die Eigentumsbeschränkungen, musste „das Recht der Bürger auf Arbeit und Unterstützung den liberalen Freiheitsrechten" weichen. In der Pariser Februarrevolution 1848 tauchte die Formel vom „demokratischen und sozialen Rechtsstaat" – geprägt von Louis Blanc vor allem als Grundrecht auf Arbeit angesichts schwerer Massenerwerbslosigkeit – dann offen auf.

In der Weimarer Verfassung ist der „soziale Rechtsstaatsgedanke" schließlich nach Neumann weit über unverbindliche Programmatik hinaus realisiert. Die hier garantierten sozialen Grundrechte sind weit mehr als Reflex des „Public Benefit", dem zufolge vom liberalen Gleichheitsideal abweichende Eingriffe in die Eigentums- und Vertragsfreiheit im Wege sozialer Grundrechte – nach US-amerikanischer Juristenideologie – nur dazu dienen, den Kapitalismus funktionstüchtig zu halten.

Die Gewährleistung des Eigentums, der Vertrags- und Gewerbefreiheit gilt für Neumann im Gegensatz zur „herrschenden Lehre" (vor allem Martin Wolff) und im Gegensatz zu einer obsessiv am Eigentumsschutz fixierten Reichsgerichts-Judikatur der 1920er-Jahre, die sozialstaatliche Ansprüche als völlig unverbindliche Leerformeln, als Programmsätze ohne verpflichtenden Charakter für die Gesetzgebung betrachtete, nur begrenzt. Neumann verweist auf die Sozialisierungsbestimmungen, die Möglichkeit der Bodenreform, das Koalitionsrecht (Artikel 155, 156, 159 WRV), auf wirtschaftsdemokratische Verfassungsbestimmungen: „Wenn wir diese sozialen Freiheitsrechte ihrem Wortlaut nach betrachten, so ergibt beispielsweise der Artikel 159, der das Koalitionsrecht behandelt, dass dieses soziale Freiheitsrecht in ungleich stärkerem Maße geschützt ist als alle kapitalistischen Freiheitsrechte."

Die Arbeiter sind vor der Kommandogewalt der Arbeitgeber geschützt, betonte Neumann unter Berufung auf entsprechende Verfassungskommentierungen von Gustav Radbruch: „Im Gebiet des Arbeitsrechts ist also die Gleichheitsidee vom Gesetzgeber positiv bestimmt." Der Artikel 156 WRV bietet sogar „die Möglichkeit, privatwirtschaftliche Unternehmungen in Gemeineigentum zu überführen“: „So ergeben die im zweiten Teil der Verfassung niedergelegten Grundzüge der Wirtschaftsverfassung gleichfalls eine Abkehr von der formalen Gleichheitsidee des bürgerlichen Rechtsstaats, eine positive Bejahung der Grundgedanken des sozialen Rechtsstaats, der unter Anerkennung des Privateigentums die Verwaltung des Privateigentums dem Privateigentümer entzieht.“

Neumann sieht für die „sozialistische Staatstheorie“ – maßgeblich nur von Hermann Heller vertreten – die Aufgabe, dem offiziellen Nipperdeyschen Großkommentar der „Grundrechte und Grundpflichten der Reichsverfassung“ (1929ff.), der die „Renaissance des bürgerlichen Rechtstaatsgedankens“ propagierte, eine „sozialistische Auslegung der Grundrechte entgegenzustellen“, in Abwandlung des Otto Kirchheimerschen Mottos: „Erst einmal Weimar!“[150]

Der historisch-materialistisch analysierende **Otto Kirchheimer** (1905-1965)[151] – einst Schmitts „linker“ Schüler, Kirchheimer veröffentlichte Ende der dreißiger Jahre im New Yorker Exil mehrere Schlüssel-Studien zum NS-Rechtssystem – sprach nämlich im Gegensatz zu Neumann von der Funktionslosigkeit der sozialen Grundrechtsnormen in der Weimarer Verfassung: Die fortschrittliche Kraft der Grund- und Menschenrechte von 1789 ist nach Kirchheimer im 19. Jahrhundert verloren gegangen. Die Grundrechte dienten nach 1848 nur mehr dem „Ausbau der Klassenstellung“ des Bürgertums. Im Zeichen der gescheiterten sozialen Revolution von 1918/19 galt ihm der Grundrechtskatalog von Weimar als historisch anachronistisch. Um ihn zu retten, sei es zu einem scheinbaren Grundrechts-Kompromiss gekommen, den ein 1918

---

150 Vgl. Franz L. Neumann: Die sozialen Grundrechte in der Weimarer Verfassung (1930), in: ders.: Wirtschaft, Staat, Demokratie. Aufsätze 1930-1954, hrg. von Alfons Söllner, Frankfurt 1978, 57-75.

151 Zur Biographie Kirchheimers Joachim Perels: Otto Kirchheimer (1905-1965). Demokratischer Marxist und Verfassungstheoretiker, in: Streitbare Juristen, Baden-Baden 1988, 401-414.

vorübergehend in die Defensive geratenes Bürgertum eingehen musste. Die präfaschistischen Symptome von 1930, die Neigung, die parlamentarisch-demokratischen Hindernisse im Wege einer Diktatur des Bürgertums zu beseitigen, und die zunehmenden, elitären Tendenzen zum Richterstaat demonstrierten für Kirchheimer 1930 im Rückblick, dass es sich um einen Pseudo-Kompromiss gehandelt hatte, weil die liberal-bürgerlichen Garantien kapitalistische Klassenrealität waren und blieben, während die sozialen Grundrechte leeres Programm waren und es umso mehr wurden, je mehr die bürgerliche Restauration fortschritt.

Kirchheimer, der bedauerte, dass 1918/19 die Chance zur „sozialistischen Demokratie“ verspielt worden war, stellte fest, dass die Verfassung von Weimar den „privateigentumserhaltenden Kapitalismus“ und den „Gemeineigentum voraussetzenden Sozialismus“ nur scheinbar gleichberechtigt nebeneinander gestellt hat. Sozialisierungen erscheinen möglich, der Eigentumsbegriff scheint nicht mehr absolut verankert. Für Kirchheimer war dies täuschende Illusion: In Wirklichkeit stabilisierte die Verfassung die bürgerliche Eigentumsordnung. Sozialisierungen sind nämlich nur im Rahmen der bürgerlichen Eigentumsbindungen („Sozialbindung“ des Eigentums), der Enteignung gegen angemessene Entschädigung denkbar, also gebunden an die Logik des „auf Privateigentum an den Produktionsmitteln beruhenden Kapitalismus“. Auch die vorgesehene Bodenreform ist nur über die bürgerliche Rechtslogik, d.h. über „individuelle Enteignungsakte für Siedler und Wohnstätten“ denkbar. Bei aller Rhetorik bleibt die Weimarer Verfassung für Kirchheimer Garantin des undemokratischen Großgrundbesitzes, sie schreibt die Hörigkeit der Landarbeiter fest. Dementsprechend entstellt wurde im Zuge der Stabilisierung des Kapitals ab 1919 auch der Rätegedanke, die Mitbestimmung der Arbeiter. Von der gescheiterten „sozialen Demokratie“ verblieb als matter Abschein des Rätegedankens das rudimentäre Betriebsrätegesetz 1920.

Mit Neumann teilt Kirchheimer – geschult an Marx' und Engels' Kritik der Grundrechte als in sich widersprüchlicher Ideologie einer auf dem „emanzipierten Sklaventum“ beruhenden bürgerlichen Gesellschaft – nicht nur die Ablehnung der bürgerlichen Rechtsstaatsillusion, sondern auch jene des Gleichheitssatzes, des Kernstücks aller liberal-bürgerlichen Freiheitskataloge. Der Gleichheitssatz wird rückschrittlich-repressiv: „Jener im Zeitalter der Monarchie an sich berechtigte, der Willkürabwehr dienende Satz von der Gleichheit vor dem Gesetz wird so lange eine Fiktion, ja noch etwas Schlimmeres, ein Instrument der Reaktion bilden müssen, als aus der formalen, der politischen Gleichheit der Rechte und Möglichkeiten nicht die substantielle, und das bedeutet heute die wirtschaftliche Gleichheit geworden ist, (....).“ Der zur „Garantie des Bestehenden“ gewandelte Gleichheitssatz „erfreut sich bei allen kapitalistischen Interessentengruppen wachsender Beliebtheit, er wird als Sperrmaßnahme gegen jede Veränderung des ökonomischen status quo benutzt“. Der Gleichheitssatz wird reaktionär, undemokratisch, antisozialistisch. Aus einem Schutz „vor ungleicher Gesetzesanwendung und Verwaltungswillkür“ wird ein Bollwerk „gegen ungleiche Gesetzgebung“ geschmiedet, so in den USA: „Der dortige Oberste Gerichtshof hat mit Hilfe des Satzes von der Gleichheit aller Menschen vor dem Gesetz sehr lange die Ansätze zu einer bescheidenen Sozialgesetzgebung abgedrosselt, indem er Arbeiterschutzgesetze als gegen die Freiheit menschlicher Betätigung verstoßend und für verfassungswidrig erklärte.“

Was für den Gleichheitssatz gilt, trifft auch auf die Rechtstaatsidee zu: Ursprünglich Schutzschild von Besitz und Bildung, des liberalen Bürgertums gegen den Feudalabsolutismus, heute Instrument, um die Mechanismen der gesellschaftlichen Verteilung und

Ausbeutung in Form der juristischen Illusion erscheinen zu lassen.[152]

Eine sozialistische Verfassungs- und Grundrechtsbetrachtung, wie sie Kirchheimer oder Neumann vertreten hatten, blieb dem Expertenkollegium fremd. Gleiches gilt für die von Hermann Heller angeleitete sozialistische Staats- und Verfassungstheorie eines **Wolfgang Abendroth** (1906-1985),[153] die sich ebenfalls als Gegenlektüre zu latenter Wohlfahrtsstaats- und Gewerkschaftskritik im Kollegium lesen lässt. Erscheinen gewerkschaftliche Kämpfe im österreichischen Expertenkollegium als potentielle Grundrechtsgefährdung, sind sie bei Abendroth Garanten der Demokratie, historisch zurückgreifend etwa auf den (politischen) Generalstreik gegen den Kapp-Putsch 1920. Als Grundgesetz-Interpret erbte Abendroth auch Neumannsche oder Kirchheimersche WRV-Kritik auf drei Ebenen, erstens als Plädoyer für den Sozialstaat, die mögliche sozialistische Transformation im legalen Rahmen des Grundgesetzes, zweitens die Verteidigung des (politischen) Streikrechts als für die Arbeiterklasse einzig zuverlässige Demokratie- und Grundrechtsgarantie gegen bürgerlich juristische Versuche, in diesem Zusammenhang vom Wiederaufleben der Fehde zu sprechen (so Joseph Kaiser), und drittens den Kampf gegen die Ideologie von der „Wehrhaften Demokratie", gegen die „Notstands"-Gesetze.

Auch wenn das Bonner Grundgesetz (=GG) in der Frage der Eigentumsordnung einen Rückfall hinter die sozialisierende Dimension der deutschen Länderverfassungen unmittelbar nach 1945 darstellt, das kapitalistische Wirtschaftssystem bestehen lässt, muss die

---

152 Vgl. Otto Kirchheimer: Weimar – und was dann? Analyse einer Verfassung (1930), in: ders.: Politik und Verfassung, Frankfurt 1964, 9-56.

153 Vgl. Wolfgang Abendroth: Ein Leben in der Arbeiterbewegung. Gespräche, aufgezeichnet und herausgegeben von Barbara Dietrich und Joachim Perels, Frankfurt 1981.

Arbeiterbewegung den „Aktionsspielraum, vor allem durch die Garantie der Vereinigungsfreiheit und der Meinungsfreiheit" nützen.

Abendroth versuchte diesen sozialistischen GG-Handlungsspielraum juristisch zu verstärken, während die akademische, auch in der österreichischen Grundrechtskommission oft zitierte Rechtswissenschaft, deren Träger zumeist ohne Bruch vom NS-System in die BRD-Verfassungsinterpretation überwechseln konnten, im Zug „der Rekonstruktion des westdeutschen Kapitalismus" bemüht war, die verfassungsrechtlichen „Einfallstore, die eine sozialistische Umgestaltung der Gesellschaft begünstigen, zu schließen". Abendroth legte seiner sozialistischen Verfassungsdeutung die Realität der „antagonistischen Gesellschaftsstruktur" zugrunde. Abendroth bezog die juristische Gegenposition zu den Apologeten eines „autoritären Besitzverteidigungsstaates". Für Abendroth waren Gewerkschaften, Streiks, Mitbestimmungsrechte, soziale (Grund-) Rechte nicht potentiell außerrechtliche Gefahren für den „Rechtsstaat", wie dies auch viele Debattenbeiträge im Expertenkollegium andeuteten. Vielmehr hing für ihn umgekehrt das demokratische Prinzip des GG an der „Reaktionsfähigkeit" und am „demokratischen Selbstbewusstsein der Arbeitnehmer gegenüber dem konzentrierten Kapital", so Abendroth etwa 1960: „Das Koalitionsrecht der Arbeitnehmer ist in der spätkapitalistischen Gesellschaft die Voraussetzung dafür, dass die demokratischen Freiheitsrechte und die parlamentarisch-demokratische politische Ordnung funktionsfähig bleiben." Das war die historische Lehre des in der linken Arbeiterbewegung der Weimarer Republik aufgewachsenen Widerstandkämpfers Abendroth aus dem Faschismus, die etwa vielen Mitgliedern des Expertenkollegiums – schon biographisch – fern lag.[154]

Abendroth, dessen „Verrechtlichung" des sozialistischen Kampfs, dessen Grundgesetz-„Legalismus" wiederholt von links

154 Vgl. Wolfgang Abendroth: Gefährdung des Streikrechts (1960), in: ders.: Arbeiterklasse, Staat und Verfassung, Köln 1975, 159-161.

als aussichtslos eingeschätzt wurde, verteidigte entsprechend 1952 im Zuge des Konflikts um das Betriebsverfassungsgesetz die politischen Demonstrationsstreiks als Grundgesetz konform. Gegen ein von H.C. Nipperdey verfasstes Arbeitgebergutachten gerichtet wies Abendroth 1952 nach, dass der politische Demonstrationsstreik nicht „friedensgefährdend" ist, keine Gefahr für die Gesetzgebungshoheit des Bundestags („Parlamentsnötigung") darstellt und nur die „unkontrollierte Einflussnahme der ökonomischen Machtträger auf den Staatsapparat" ausgleicht. Folglich trat Abendroth gegen Versuche auf, das politische Streikrecht strafrechtlich (bis hin zum Hochverrat) und schadensersatzrechtlich zu illegalisieren bzw. Arbeitsfrontideologien „romantisch-ständestaatlicher" Provenienz gegen die Gewerkschaften im Weg juristisch aufbereiteter sozialharmonischer Ideologien zu mobilisieren.

Forsthoff war nicht selten Kronzeuge für die Argumentation von Mitgliedern des österreichischen Grundrechts-Expertenkollegiums. Abendroth war 1953 auf der Tagung der Vereinigung deutscher Staatsrechtslehrer – vom Tagungspräsidium behindert – gegen die restaurative Umdeutung der „Sozialstaatsklausel" durch Forsthoff aufgetreten: „Forsthoff hatte die Sozialstaatsklausel auf ein Funktionselement des gesellschaftlichen Status quo reduziert; die Sozialstaatsklausel sanktioniere lediglich die soziale Sicherheit verbürgende Leistungsverwaltung."

Unter Berufung auf Hermann Heller, der den „sozialen Rechtsstaat" – auch als Schutz des liberalen – gegen den drohenden Faschismus seit Ende der 1920er Jahre in Stellung gebracht hatte, während die Juristen der Carl-Schmitt-Schule wie Forsthoff („Der totale Staat" 1933) oder E.R. Huber, der Interpret des NS-Staatsrechts, „die Zerstörung der Weimarer Demokratie verfassungstheoretisch" zu rechtfertigen begonnen hatten, insistierte Abendroth darauf, „dass das Grundgesetz mit der Sozialstaatsklausel prinzipiell die Möglichkeit eröffnet, demokratisch nicht legitimierte ökonomische Machtpositionen aufzuheben, den gesellschaftlichen Status quo also in Richtung auf eine sozialistische Wirtschaftsordnung zu überwinden."[155]

Hermann Heller, reformistischer Sozialdemokrat, sah, dass es Aufgabe der Arbeiterklasse ist, auf die Realisierung des sozialstaatlichen Teils der WRV und damit auch auf die Rettung des liberalen hinzuarbeiten. Die oft mit der äußersten Rechten verbündete Staatsrechtslehre destruierte die WRV nämlich nicht nur in ihren sozialstaatlichen, sondern auch in ihren liberal-rechtstaatlichen Tendenzen.

Wie Heller, Neumann oder Kirchheimer unter den Bedingungen von Weimar mit zunehmender staatsrechtlicher Orientierung nach rechts konfrontiert waren, sah sich Abendroth der schnellen Revision eines antifaschistischen Grundkonsenses nach 1945 gegenüber. Im Zeitpunkt der Verabschiedung des Grundgesetzes 1949 war die Restauration der alten Sozial- und Eigentumsverhältnisse im vollen Gang, auch wenn einige koalitions- und sozialisierungsrechtliche, sowie sozialstaatliche Normierungen herübergerettet werden konnten. Die faschistisch belastete Juristenriege an den Universitäten stellte ab 1950 etwa die Gutachter gegen die partielle Vergesellschaftung von Produktionsmitteln, indem sie u.a. den Sozialisierungsartikel der hessischen Landesverfassung für nichtig erklärten. Im 1953 neu aufgelegten „Wirtschaftsrecht" von 1932 behauptete E.R.Huber wieder, so Abendroths Beobachtung, dass „das Bonner Grundgesetz geradezu die spätkapitalistische Struktur der deutschen Wirtschaft" festschreibt. Ähnliches war bei Hans Carl Nipperdey nachzulesen.

Auf der Bonner Tagung der deutschen Staatsrechtslehrervereinigung 1953 wurde ein Referat von Abendroth, der sich mit einem Diskussionsbeitrag begnügen musste, bereits abgelehnt. Nicht ein-

155 Hier und im vorigen referiert nach Joachim Perels: Wolfgang Abendroth. Einleitung, in: Wolfgang Abendroth: Arbeiterklasse, Staat und Verfassung, Köln 1975, 7-20.

mal provokant wirkte nun der Auftritt des Verfassers des „totalen Staats“ (1933) Ernst Forsthoff, des Hauptreferenten zur Frage des „sozialen Rechtstaates“: „Forsthoff kam in seiner Analyse der im Grundgesetz normierten Formel vom sozialen Rechtsstaat praktisch zu dem Resultat, dass es sich um eine reine Propagandaformel, um einen Formelkompromiss im Sinne Carl Schmitts handle, der keinen konkreten Inhalt besitze, den man also auch nicht interpretieren könne und der infolgedessen keine rechtliche Bedeutung habe.“

Der Staat sichert nach Forsthoff zwar Sozialhilfe für „die Not“ zu, aber nur im Sinn dessen, was es schon im Wilhelminischen Deutschland auf dem Niveau der Bismarckschen Sozialpolitik gegeben hat. „Darüber hinaus habe die Formel vom sozialen Rechtsstaat rechtlich nichts auszusagen, und also könne sie den Gesetzgeber auch zu nichts verpflichten.“[156]

In seinem Bonner Diskussionsbeitrag widersprach Abendroth offen – nur unterstützt von Martin Drath und Helmut Ridder – der Forsthoff-These, der Sozialstaat sei auf der Ebene des Verwaltungs-, Wirtschafts- und Arbeitsrechts bereits vollendet, die Sozialstaatsbestimmungen des Grundgesetzes folglich ausschließlich konservativ als Garantie des gesellschaftlichen status quo auszulegen.

Dagegen begründete Abendroth, dass das Sozialstaatsprinzip – nach Hermann Heller („Rechtsstaat oder Diktatur?“ – 1929) – an das Kriterium der „Demokratie“ geknüpft ist und nicht an einen obrigkeitsstaatlich abgesegneten Stand der Verteilung gesellschaftlicher Reichtümer. Das Grundgesetz ruht für Abendroth keineswegs auf der Annahme, der Sozialstaat sei bereits realisiert. Im Gegenteil ermöglicht es den Wandel in Richtung „sozialer Demokratie“ gemäß Artikel 14 und 15, vor allem aber gemäß Artikel 20 und 28. Aus dem Umstand, dass nur die „hergebrachten liberalen Grund-

---

156 Vgl. Wolfgang Abendroth: Der demokratische und der soziale Rechtsstaat als politischer Auftrag (1965), in: ders.: Arbeiterklasse, Staat und Verfassung, Köln 1975, 179-201.

rechte“ präzise normiert wurden, kann nach Abendroth nicht auf eine „restaurative oder konservative Bestätigung der bestehenden Wirtschafts- und Gesellschaftsordnung“ geschlossen werden. Das Grundgesetz ermöglicht die sozialistische Transformation, den legalen Eingriff in die herrschenden Produktionsverhältnisse durch Sozialisierungen: „Es ist durchaus möglich, in lapidarer Kürze Eingriffsmaßnahmen des demokratisch organisierten Staates in die Sozialstruktur und deren wirtschaftliche Grundlagen normativ konkret zu fassen, (...).“ An der Theorie der sozialen Demokratie, der sozialen Grundrechte sei auch gegen die Ideologie jener – übrigens im österreichischen Grundrechtskollegium später einflussreichen – Kräfte festzuhalten, die der Ansicht sind, dass die „rechtsstaatliche Sicherung der Individualsphäre mit einem mindestens potentiell allseitig planenden Wohlfahrtsstaat unvereinbar“ ist. Dagegen vertritt Abendroth die These, dass sich der liberale Rechtstaatsgedanke nur unter den Bedingungen der sozialen Demokratie halten kann. Im Widerspruch zu Heinrich Triepel hat dies Hermann Heller – für Abendroth – am Ende der Weimarer Republik am Beispiel der faschistischen Destruktion der liberalen Grundrechte demonstriert.[157]

Abendroth greift – wie Franz Neumann 1930 – zur historischen Interpretation: Es kann nicht sein, dass eine Verfassung, die die Sozialstaatsklausel – wenn auch unter Verzicht auf konkrete Normierungen wie im Grundrechtsteil der Weimarer Verfassung – anführt, rein liberalistisch zu interpretieren ist. Die Freiheitsgarantie des Grundgesetzes stellt nicht auf „den homo oeconomicus des wirtschaftsliberalen Denkens“ ab. Unter dialektischer Berufung auf Forsthoff erklärt Abendroth die vermeintlich gesellschaftlich-ökonomische Neutralität des liberalen Rechtstaatsbegriffs nach der

157 Vgl. Wolfgang Abendroth: Begriff und Wesen des sozialen Rechtsstaates. Diskussionsbeitrag auf der Tagung der Vereinigung Deutscher Staatsrechtslehrer 1953, in: ders.: Arbeiterklasse, Staat und Verfassung, Köln 1975, 64-69.

Erfahrung des NS-Faschismus zur erledigten Ideologie: Die Prämisse des bürgerlichen Rechtstaats, wonach „der Status der sozialen Verhältnisse und das System der Güterverteilung als vorgegeben" anzusehen ist, und wonach die existente (nämlich faktisch die liberalkapitalistische) Sozialordnung als „im Prinzip gerecht anerkannt" jedem „staatlichen Zugriff – weil grundsätzlich autonom – entzogen" ist, fällt mit der Sozialstaatsklausel des Grundgesetzes und mit dem Ende der Fiktion von der Trennung von Staat und Gesellschaft. Für Abendroth gefährdet nicht ein „privatwirtschaftender Wohlfahrtsstaat", sondern die Konzentration von Kapital in privater Hand die Grundrechtssphäre. Abendroth sieht den Zusammenhang „Faschismus und soziale Inhomogenität": Formale Demokratie und Rechtstaatlichkeit ohne sozialstaatliche Regulierung führt zum Faschismus, selbst die beschworenen individuellen Freiheitsgarantien werden suspendiert: „Die Erfahrungen, die Italien 1922, Deutschland 1933, Österreich 1934 und Spanien 1936 geliefert haben, dürfen nicht vergessen werden. Am Ende derartiger Entwicklungen steht aber jeweils nicht nur die Aufhebung der Demokratie, sondern ebenso die Beseitigung jeder Form der Rechtsstaatlichkeit." Abendroth – Anhänger einer historisch-konkret materialistischen Faschismus-Analyse, während auf deutschen Juristenkathedern und im österreichischen Grundrechtskollegium vor allem Anhänger einer faschismusblinden „Totalitarismustheorie" saßen – polemisiert folglich gegen das Gerede vom „Sozialstaat", der den „Rechtsstaat" gefährdet, und gegen die Rede von der Unvereinbarkeit der „rechtstaatlichen Sicherung der Individualsphäre mit einem allseitig planenden demokratischen Wohlfahrtsstaat". Für Abendroth hat jede Grundrechtsdiskussion den Umstand zu berücksichtigen, dass es sich um Grundrechte in einer „sozial gespaltenen Gesellschaft" mit einseitiger „Verfügungsgewalt über die Produktionsmittel" und zyklischer Zuspitzung sozialer Spannungen als Folge anarchischer Produktionsweise handelt. Das Sozialstaatsbekenntnis eröffnet den Weg zur materiellen Interpretation des

Gleichheitssatzes. Der bürgerliche Rechtstaatsgedanke, der auf der Fiktion „der immanenten Gerechtigkeit der vorgefundenen Wirtschafts- und Gesellschaftsordnung beruht", ist – so Abendroth 1954 – mit den Sozialstaatsbestimmungen des Grundgesetzes unvereinbar: „Es hat vielmehr durch Anerkennung des Sozialstaatsgedanken endgültig mit der Vorstellung gebrochen, dass Wirtschafts- und Gesellschaftsordnung in eigenem freien Spiel Gerechtigkeit schaffen können." Die Theorie der „klassischen" Grundrechte wird von Abendroth als Illusion beruhend auf der Pseudoannahme eines freien, rationalen Wirtschafts- und gesellschaftlichen Tauschprozesses beschrieben: „Der Vorstellung, dass sich eine wirklich freie Konkurrenzwirtschaft bei echter Gleichwertigkeit und Freiheit aller Teilnehmer des Wirtschaftsprozesses herstellen lässt, entspricht offenkundig keine Realität. Deshalb besteht die wirkliche Alternative nicht darin, ob man die volle wirtschaftliche und soziale Entscheidungsfreiheit eines jeden einzelnen oder seine Unterwerfung unter die planende Gewalt des die Gesellschaft demokratisch repräsentierenden Staates herstellen will, (...)." Die Idee der „klassischen" Grundrechte wird zum falschen Bewusstsein in jenem geschichtlichen Moment, in dem die harmonisch liberalkapitalistischen Vorstellungen an der Realität der Oligopole und Monopole, der imperialistischen Kriege zerfallen sind. Die Idee der sozialen Grundrechte, des Sozialstaats hingegen ist nicht als mit dem Recht(staats)-gedanken kollidierend zu deuten: „In Wirklichkeit wird also der Einfluss des Rechts nicht geschwächt, sondern gestärkt, wenn sich der Bereich der öffentlich kontrollierten Sphäre gegenüber derjenigen des früheren bloßen Privatrechts ausdehnt." Die Macht des zentralisierten Finanzkapitals lässt die hehren Ideale von Privatautonomie und Vertragsfreiheit zu Chimären verkommen, nicht der gewerkschaftlich mitbestimmte Sozialstaat: So „sind die Behauptungen der Gegner des demokratischen und sozialen Wohlfahrtsstaates, Rechtstaat und Sozialstaat seien Antithesen, logisch nicht haltbar."[158]

Von da ausgehend verteidigte Abendroth das Streikrecht, das historisch seit den frühen Kämpfen der Arbeiterklasse ab 1848 ein Recht auf den politischen Arbeitskampf war, wie allein die Geschichte polizeilicher Koalitions- und Streikverbote zeigt. Die politischen Streikaktionen gegen den Kapp-Putsch 1920, gegen die rechten Mordtaten an Erzberger und Rathenau haben – dies war die historische Sicht eines Abendroth! – den politischen Streik im „deutschen Verfassungsleben voll legitimiert": „Als im März 1920 die Arbeiterklasse den ersten gewaltsamen Versuch der alten Kräfte zum Sturz der politischen Demokratie mit der Waffe des politischen Massenstreiks abwehren konnte, wurde die innere Verbindung von demokratischer politischer Verfassung, Streikrecht und Kampfwillen besonders deutlich."

Streik ist in einer „formalen" Demokratie vor dem Hintergrund der außerparlamentarischen Machtmittel des Kapital, der Konzerne, Kartelle, der Verbände der Industrie, „ihres Einflusses auf die von ihnen finanziell abhängigen, bürgerlichen Parteien und die restaurative hohe Bürokratie", auf die Medien legales Kampfmittel der Arbeiterklasse, da die herrschenden Klassen die politischen Formen der Demokratie jederzeit zu suspendieren bereit sind. 1954 zieht Abendroth aus dem Faschismus die Lehre, „dass das Geschick der Demokratie in einer monopolkapitalistisch organisierten modernen Gesellschaft davon abhängt, ob die Machtstellung und der Kampfwille der Arbeitnehmer und ihrer gewerkschaftlichen (und eventuell auch politischen) Organisationen stark genug ist, die politische Demokratie zu verteidigen und in eine soziale umzuwandeln." Der

158 Vgl. Wolfgang Abendroth: Zum Begriff des demokratischen und sozialen Rechtsstaates im Grundgesetz der Bundesrepublik Deutschland (1954), in: ders.: Antagonistische Gesellschaft und politische Demokratie. Aufsätze zur politischen Soziologie, Neuwied-Berlin 1967, 109-138.

Streik ist folglich in drei Formen zur Erhaltung des „Gleichgewichtssystem der Demokratie in einer klassengespaltenen Gesellschaft“ legitim, als partieller, als umfassender Arbeitskampf, als offener politischer Generalstreik, „falls die formelle politische Demokratie verteidigt und zurückerobert werden muss“.

Die herrschende bürgerliche Juristenideologie der Adenauer-Restauration vertrat in den 1950er Jahren hingegen aus Anlass des Streits um das Mitbestimmungsrecht – gehüllt in Vorstellungen einer „fiktiven ‚Neutralität' der Staatsgewalt“ – offensiv die These, dass das (politische) Streikrecht der parlamentarischen Demokratie widerspricht, weil der Streik die freie Wähler- und Abgeordnetenentscheidung durch „undemokratischen“ Druck der Straße manipuliere, den Staat in seiner angeblich neutralen Funktion gegenüber den „pluralistischen“ Kräften behindere. Die (Nipperdeysche) Theorie vom „sozial inadäquaten“ Streik machte die Runde. Abendroth konstatiert für die (Arbeits-) Rechtswissenschaft der Bundesrepublik Kontinuität eines „Deutsche Arbeitsfront“-Denkens samt „romantisch-ständestaatlicher Ideologien“, sowie die zunehmende juristische Bedrohung gewerkschaftlicher Kampfrechte im Wege der so genannten „Friedenspflicht“-Kategorie: Von der Judikatur wird „die Urabstimmung über den Streik als mögliche Verletzung der gewerkschaftlichen Friedenspflicht hingestellt“, mit schadensersatzrechtlichen Sanktionen bedroht, von der Forderung nach „Notstandsnormen“ zur „Abwehr gewerkschaftlicher Streikmaßnahmen“ einher begleitet.[159]

Mit wenigen Bündnispartnern – wie dem Stuttgarter Oberlandesgerichtspräsidenten **Richard Schmid** (1899-1986) und dem hessischen Generalstaatsanwalt **Fritz Bauer** (1903-1968) – hat Abendroth die wirtschaftsdemokratischen Errungenschaften der

159 Vgl. Wolfgang Abendroth: Streik und Verfassungsrecht in der modernen Demokratie (1954), in: ders.: Arbeiterklasse, Staat und Verfassung, Köln 1975, 45-54.

Gewerkschaften gegen seit 1950 einsetzende Demontage-Versuche der „Wirtschaft", gegen die – dann später gerade im österreichischen Expertenkollegium 1965 virulente – Auffassung, „Streik sei Drohung mit Gewalt" verteidigt. Die faschistische Beseitigung des Streikrechts und der Gewerkschaften war diesen wenigen politisch antinazistischen Juristen unmittelbar präsent.[160]

Abendroth zitierte wiederholt Fritz Bauer, der aus Anlass eines im Mai 1952 im Rahmen der parlamentarischen Beratungen des Mitbestimmungsentwurfs durchgeführten Streiks der IG Druck und Papier gegen die Kriminalisierung und Pönalisierung des (politischen) Streiks aufgetreten war. Bauer – auch er nicht zufällig aus dem Widerstand gegen das Naziregime kommend – widersprach Arbeitskampfverboten unter dem Titel von Straftatbeständen wie Parlamentsnötigung, Beamtennötigung oder Erpressung, lehnte die Ideologie der „Friedenspflicht" ab. In Kenntnis der angloamerikanischen Streikverbote (brit. Trade Union Law Amendment Act von 1927 und des Taft-Hartley-Gesetzes der USA) griff Bauer Forsthoffs Modell einer Demokratie, „die frei von pressure groups ist", an. Forsthoff leitete daraus nämlich eine Delegitimierung des Streiks als Kampfmittel ab, indem er gleich Carl Schmitt folgerte, „jeder Streik sei unzulässig, der die neutrale Stellung des Staates" aufhebt. Gegen die Schmitt-Forsthoffsche Fiktion eines „neutralen Staats" wandte Bauer ein: „Die Arbeitnehmer begegnen ihrem sozialen Gegenspieler ferner nicht nur in den Fabriken oder in den Büros der Unternehmerverbände, sondern auch im Bundestag, der

160 Vgl. Wolfgang Abendroth: Der politische Streik (1954), in: ders.: Arbeiterklasse, Staat und Verfassung, Köln 1975, 54-63 und Wolfgang Abendroth: Die Berechtigung gewerkschaftlicher Demonstrationen für die Mitbestimmung der Arbeitnehmer in der Wirtschaft (DGB-Rechtsgutachten 1952/53), in: ders.: Antagonistische Gesellschaft und politische Demokratie, Neuwied 1967, 203-230.

gewiss kein ‚Professorenparlament' von 1848 oder ein platonischer Philosophenausschuss ist."[161]

Die Anzeichen einer antigewerkschaftlichen Ausnahmegesetzgebung (Sistierung des Koalitionsrechts im sozialen Konfliktfall, zunehmende Diskriminierung von Streiks als nicht „legal", als „wild", „sozial-inadäquat") ließen Abendroth auch gegen die Notstandsgesetzgebung im Rahmen einer „streitbaren Demokratie" ankämpfen. In den unter dem Vorzeichen der „wehrhaften Demokratie" firmierenden Grundrechtssuspendierungen, Parteienverboten, individuellen „Grundrechtsverwirkungen" sieht Abendroth die Tradition der antimarxistischen Sozialistenverbote 1878 bis 1933. Hinter dem KPD-Verbotsprozess (1956) stand das Propagieren einer sozialharmonischen Ideologie, das Einebnen von objektiven Klassenwidersprüchen, stand tendenziell die Illegalisierung der Tradition der Arbeiterbewegung an sich, indem im Grunde der „revolutionäre Klassenkampf und der Massenstreik für schlechthin ‚verfassungsfeindlich'" erklärt wurden.[162]

Hinter dem KPD-Urteil erkannte Abendroth jene reaktionären, oft als Profiteure des NS-Faschismus belasteten Eliten in Wirtschaft, Politik, Bürokratie und Rechtswissenschaft, die eine „Unvereinbarkeit der Ziele der marxistischen Arbeiterbewegung mit der ‚freiheitlichen Demokratie' im Sinne des Grundgesetzes" konstruieren wollten.[163]

---

161 Vgl. Fritz Bauer: Politischer Streik und Strafrecht, in: Juristenzeitung 8 (1953), 649-653.

162 Vgl. Wolfgang Abendroth: Zurück zum Sozialistengesetz. Der „verfassungsfeindliche" Marxismus und Ritter von Lex (1955), in: ders.: Arbeiterklasse, Staat und Verfassung, Köln 1975, 70-74.

163 Vgl. Wolfgang Abendroth: Zum Verbot der KPD (1956), in: ders.: Arbeiterklasse, Staat und Verfassung, Köln 1975, 93-99 und Wolfgang Abendroth: Der Notstand der Demokratie. Die Entwürfe zur Notstandsgesetzgebung (1965), in: ebenda, 202-221.

Mit der Grundrechtssuspension im Rahmen der Ideologie der „Wehrhaften Demokratie“ – im österreichischen Expertenkollegium ausführlich an Hand der GG-Artikel 18 (Grundrechtsverwirkung) und 21 (Parteienverbot) besprochen – setzte sich der dem „linkskatholisch“ bürgerlichen Lager entstammende langjährige Bonner und Giessener Staatsrechtsordinarius **Helmut Ridder** (Jg. 1919) auseinander. [164]

Helmut Ridder, Ende der 1950er Jahre Prozessvertreter und Gutachter der IG Metall, Gegner der „Wiederbewaffnung“, steter Verfechter der positivistischen Methode wider die „fix von braun auf schwarz sich färbende Wolle des Naturrechtsepigonentums“, als solcher Gegner des professoralen Pathos der Staatsrechtsjurisprudenz vom „nicht erfüllten Grundgesetz“, ordnete die „wehrhafte Demokratie“ einer „antirevolutionär determinierten Grundrechtsinterpretation“ – getragen von der „Totalitarismustheorie“ – zu. Das Konzept der „wehrhaften Demokratie“ knüpft nur zu oft – so auch einzelne Vertreter des Expertenkollegiums – an die Geschichtsfälschung an, der NS-Faschismus habe siegen können, weil es der WRV 1919 (also auch dem B-VG 1920) an der Möglichkeit zur verfassungsschützenden Suspension demokratischer Freiheiten gefehlt hat. Unter Ignoranz der den Faschismus fördernden gesellschaftlichen Eliten in Bürokratie, Wissenschaft, Militär und vor allem Ökonomie projiziert „die gegenwärtige Ideologie der wertbesetzten ‚wehrhaften Demokratie‘ sich selbst ungeschichtlich in die Weimarer Republik zurück und glaubt, ein durch sie vermittelter ‚Verfassungsschutz‘ hätte damals den Weg zum Nazi-Regime versperren können“.

Grundrechtssuspension im Zeichen der „streitbaren Demokratie“ war also für Ridder Verkehrung des antifaschistischen Schwurs vom „Nie wieder!“ in sein Gegenteil: Demokratiebeschwörung und

---

164 Vgl. Peter Derleder und Dieter Deiseroth: Der Erste nach dem Krieg. Zum 80. Geburtstag von Helmut Ridder, in: Kritische Justiz 32 (1999), 254-262.

Demokratiedekretierung, Grundrechtsbeschwörung von jenen Kräften, die für die „Demokratieversehrungen“ im faschistischen Zeitalter verantwortlich waren, das Konzept der „wehrhaften Demokratie“ als „Überkompensation von Defiziten der Vergangenheit“, als „oberlehrerhafter Perfektionismus“ einer Juristenschicht, die das Konzept der „freiheitlich-demokratischen Grundordnung“ ausfeilt. Grundrechtssuspension, Ausnahme- und Notstand wurden zur „Legalitätsreserve“ einer ultra-konservativen Staatsrechtswissenschaft, die diese mit antinazistischen Motiven tarnte.

Ridder beschreibt in dem von ihm mit herausgegebenen „alternativen Kommentar“ zum Grundgesetz 1984 die im Zusammenhang mit dem KPD-Verbot 1956 entwickelte Figur der „wehrhaften Demokratie“, die zu einer Art Unfehlbarkeitsdogma „des staatlichen ideologischen Lehramts“ mutiert. Die „wehrhafte Demokratie“ wird durch die Einführung von im Verfassungstext normativ nicht auffindbaren, überschießenden „Wertprinzipien“ gedeckt, so durch die „Verfassungstreue“, die gedanklich den „Verfassungsfeind“ voraussetzte, um den noch nazistisch geprägten Begriff „Staatsfeind“ zu vermeiden. Die rechtlich unsinnige Kategorie der „noch nicht verbotenen Partei“ wird zu einem Instrument der „wehrhaften Demokratie“. Das „Toleranzprinzip“ der „wehrhaften Demokratie“ mutiert „zu einem die Verfassungsnormativität zerstörenden ‚Rechtsprinzip‘“. Die „wehrhafte Demokratie“ gilt Ridder als die „normative Behausung, Rüstkammer und Zitadelle des Antidemokratismus“. Hinter der in Art. 21 (2) GG normierten „Verfassungswidrigkeit politischer Parteien“ steht unter anderem die nach 1945 politisch opportune Geschichtsdeutung, das NS-Regime verdanke seinen Aufstieg der „Krise des Parlamentarismus“, die Ideologie, man müsse durch „Extremistenverbote“ die Lehren aus der „Arbeitsunfähigkeit“ des Reichstages von Weimar ziehen. Die „wehrhafte Demokratie“ bedarf zu ihrer Legitimität auch nach dem Verbot des Feindes, also nach dem KPD-Verbot der „permanent und nahe vorzeigbaren Aktualität der kommunistischen Gefahr“.

René Marcic sah in der individuellen „Grundrechtsverwirkungsbestimmung“ von Art. 18 GG den großen präventiven Schutzmechanismus der „freiheitlichen Ordnung“, wie der Umstand der bloß einmaligen – so der Stand 1965 – Einleitung eines Verfahrens nach Artikel 18 GG demonstriere. Ridder interpretierte hingegen die „Verwirkungsandrohung“ als bloß verfassungspathetisches Szenarium, das durch reale Berufsverbote und Staatsschutzmaßnahmen viel effizienter realisiert werden kann, ohne die bizzar aufgeladene GG 18-Bestimmung zu bemühen. Ridder kann 1984 feststellen: „Im Laufe der mehr als 30jährigen Tätigkeit des BVerfG wurden zwei Anträge nach Art. 18 Satz 2 gestellt, die beide als unbegründet zurückgewiesen worden sind (...). Mit einer an Sicherheit grenzenden Wahrscheinlichkeit wird es nie mehr zu neuen Antragstellungen kommen. Mit Sicherheit wird es im Äon der hegemonialen ‚wehrhaften Demokratie‘ keinen Ausspruch der ‚Verwirkung‘ geben, weil die Umgehungspraxis, die sich auch in der Literatur und zwischen deren Widersprüchen bequem betten kann, einen weitaus höheren staatsschützerischen Ertrag erbringt, als er jemals durch ein erfolgreich durchgeführtes Verfahren vor dem BVerfG zu erzielen wäre.“

Ridder, Gegner der „Unabänderlichkeitsideologie“ von Artikel 79 GG, die den Anschein erweckt, als stehe die Verfassung jenseits des Verfassungstextes – so bei Schmitt oder Smend –, über den positiv gesetzlichen Normen, die ferner Ausdruck der Unfähigkeit ist, „Verfassungsschöpfung als ein politisch legitimes Werk von Volksbeauftragten zu begreifen und die Ideologie der Staatssouveränität auch nur anzutasten“, damit auch Gegner des ideologisch überfrachteten Problems der „Verfassungsdurchbrechung“ durch gesetzgeberische Aktivitäten verbunden mit der antiparlamentarischen Stilisierung „der Verfassung“ zum „apokryphen Souveränitätsakt“, polemisierte auch gegen ein verfassungsrechtlich normiertes „Widerstandsrecht“. Die rhetorisch hehre Proklamation eines Widerstandsrechts als „allerletzte ratio“ erscheint Ridder in einer

Gesellschaft, die den (politischen) Streik als demokratisches Mittel straf- und zivilrechtlich diskriminiert, paradox. Nicht ein in der Weimarer Verfassung positiviertes Widerstandsrecht hätte den Nazifaschismus verhindert, der Siegeszug der antidemokratischen Konterrevolution wurde durch Aktionen wie den Generalstreik gegen den Kapp-Putsch 1920 behindert und verzögert, auch wenn dies eine in epigonalen Naturrechtssphären schwebende Juristenelite des Adenauer-Deutschland verdrängte.

Das Widerstandsrecht ist mehr schlechtes Gewissen des „Nie Wieder!“ angesichts des Umstandes, dass es 1933 keinen politischen Widerstand gegeben hat, nachdem der politische Widerstand der Sozialisten, Kommunisten und Gewerkschaften gebrochen war, ist Symptom einer restaurativen Gesellschaft, die den politischen Widerstand nachträglich missachtet, indem sie den Widerstandskämpfer als den vereinzelt Mutigen, als den „Märtyrer“, als das Opfer verklärt: „Just das Widerstandsrecht gelangt 1945 infolge der Verdrängung der historischen Wahrheit über Ursachen und Entstehung des ‚Dritten Reichs‘, infolge der die Aufarbeitung verhindernden (selektiven) Wiedergutmachung und Selbstbeweinung, infolge der individualisierenden Schuldsuche anstatt der Übernahme politischer Verantwortung mit einer Flut epigonalen Naturrechts zu einer einzigartigen Hochkonjunktur.“[165]

Sowohl 1975 in „Die soziale Ordnung des Grundgesetzes“[166] als auch in dem 1984 gemeinsam mit dem Berner Staatsrechtler Richard Bäumlin verfassten Artikel „Rechtsstaat“ für den „alternativen Kommentar“ zum Grundgesetz griff Ridder jene deutsche und

---

165 Vgl. Helmut Ridder: Schutz der verfassungsmäßigen Ordnung, in: Kommentar zum Grundgesetz für die Bundesrepublik Deutschland. (=Reihe Alternativkommentare), 2 Bände, Neuwied-Darmstadt 1984, 1408-1494.

166 Vgl. Helmut Ridder: Die soziale Ordnung des Grundgesetzes. Leitfaden zu den Grundrechten einer demokratischen Verfassung, Opladen 1975, 144-155.

österreichische „Rechtsstaats-Scholastik“ an, die diesem Prinzip „Überverfassungsrang“ zubilligte. Geschichtlich stellte Ridder den demokratischen Gesetzesstaat gegen die angloamerikanische und deutsche – mit den Namen Stahl, Bähr, Gneist, Otto Mayer, Schmitt verknüpfte – Überhöhung des „Rechtsstaats“, der aus antifeudal fortschrittlicher Abwehr absolutistischer Willkür erwachsen zu antidemokratischer Besitzsicherung verkommen war.

Die englische „Rule of Law“ – schon früh von der Skepsis gegen den „allzu tätigen Gesetzgeber“ überlagert – wurde am Ende des 19. Jahrhunderts mit dem Laissez-Faire Kapitalismus kurz geschlossen: „Neben dem Legalitätsprinzip und der bürgerlichen Gleichheit vor dem Gesetz bringe das Rule of Law auch den Grundsatz zum Ausdruck, dass das Verfassungsrecht nicht Ursprung, sondern Folge der vorausbestehenden Individualrechte darstelle, eine These, die sozusagen einem Postulat der ‚Souveränität des Privatrechts’ gleichkommt.“ Ähnlich die amerikanische Theorie des „limited government“ als antidemokratischer Ausdruck des Schutzes „der Interessen der Eigentümergesellschaft“, besonders „gegen das demokratische Veränderungspotential, das von den Unterschichten ausgehen könnte“.

Die Rede von der „Tyrannei der Mehrheit“, von der „Souveränität der Vernunft des Rechts“ – als Widerpart der Volkssouveränität – sehen Bäumlin und Ridder dann im deutschen „Rechtsstaat“, der nach 1848/1871 in den Sog des (Bismarckschen) Obrigkeitsstaats gerät, vollendet, bei Friedrich Julius Stahl um 1850 sogar religiös-konservative Prägung annehmend.

Heißt „Rechtstaatlichkeit“ um 1870 zunächst noch Kontrolle der Verwaltung durch eine fortschrittliche Verwaltungsgerichtsbarkeit, wird sie für den nationalliberalen Kathederinhaber Rudolf Gneist, einen Mitvorbereiter und Kommentator der Sozialistenverbote von 1878, schon Schutzwehr gegen die (Sozial-) Demokratie, die demokratischen Ansprüche der Arbeiterklasse, weshalb Gneist der deutsche Sozialismus zur „Negation des Staats und der naturgemäßen Ordnung der Gesellschaft, ...einer Heiligsprechung der sinnlichen Begierden" gerät.

Bei Otto Mayer wurde der „Rechtsstaat" in spätkonstitutioneller Zeit vor 1914 zum „Staat des wohlgeordneten Verwaltungsrechts", der „noch einmal die (antiparlamentarische) Eigenständigkeit der Exekutive befestigt", zwar „das (verzopften Wertungen entstammende) Gewohnheitsrecht" eliminiert, „gegen gesetzloses Vorgehen zum Schutz ridikül gewordener ‚geistiger Polizeigüter'" polemisiert, aber ganz Mayers Abneigung gegen den „Lärm des parlamentarischen Lebens" entsprechend demokratisch blind ist.

Die für Beschränkungen parlamentarischer „Willkür" agitierende, gegen den demokratischen „Absolutismus" auftretende Rechtsstaatsexegetik der Weimarer Republik (C. Schmitt, E. Kaufmann, R. Smend) mit ihrer metaphysischen Überhöhung der Freiheitssphäre des Einzelnen als vor dem Staat existent, mit ihrem Diskurs von der „Sinntotalität" einer Verfassung jenseits der Verfassungsurkunde, mit ihrem Pochen auf einem ungeschrieben naturrechtlichen Arsenal an Verfassungsrecht überlebte ungebrochen die Jahre des Nazifaschismus, um in der „entpolitisierten" Restaurations-Periode nach 1945 ihre Renaissance an der Schwelle zum „Wirtschaftswunder", zur „sozialen Marktwirtschaft" nach dem Motto „Das ‚Recht' wird neuer Souverän!" zu erleben – verfochten vor allem von Ernst Forsthoff 1953 auf der Bonner Staatsrechtslehrertagung.

Wurde die in der WRV normierte demokratische Gesetzlichkeit latent über den an den Gesetzgeber als „Willkürverbot" umadressierten Gleichheitssatz, über Bekenntnisse zum richterlichen Gesetzesungehorsam und über präpositive Prinzipien von „Treu und Glauben" entthront, so hat das GG diesen Mechanismus – nach Bäumlin und Ridder – schon in die Verfassung eingebaut: „Symbolhaft entthront ist nämlich vorab das demokratische ‚Volk', an dessen Stelle in Art. 1 Abs. 1 Satz 1 symbolhaft das hypostasierte Einzelindividuum mit seiner ‚Würde des Menschen' getreten ist, während die ‚Republik' nur noch als Bestandteil des Staatsnamens ‚Bundesrepublik Deutschland' fortvegetiert und das ‚Volk', obwohl von ihm weiterhin ‚alle Staatsgewalt' ausgehen soll (Art. 20 Abs. 2 Satz 1), keinen klaren Spitzenplatz mehr erhält."

Bäumlin und Ridder verwiesen in diesem Zusammenhang auf den – von Mitgliedern des Expertenkollegiums in Wortmeldung und Publikationen häufig zitierten – Schweizer Juristen Werner Kägi, der außerhalb des nazistischen Verdachts stehend als neuer Rechtsstaatsideologe nach 1945 geeignet war, indem er die Verantwortung für den Nazismus dem massendemokratischen Zeitalter in die Schuhe schob, Geschichte klitternd der zerstörten Demokratie die Verantwortung für den Faschismus andichtete, sämtliche Vorurteile der antidemokratisch, antipositivistisch bürgerlichen Staatsrechtsjurisprudenz von Weimar tradierte und die zweistöckige Normativität von Verfassung und Gesetz, „die uno actu gegen den ‚latenten Absolutismus des Mehrheitsentscheides' immunisiert wird", in Position brachte. Die nach 1945 aufblühende, dem (Bundes-) Verfassungsgericht eine quasi-souveräne Position einräumende, über eine oft irrationale „Verhältnismäßigkeits"-Dogmatik operierende Rechtsstaats-Philosophie gilt Bäumlin und Ridder als entnazifizierte „Transkription des anti-demokratischen Demokratie-Diskurses" im Sinn der Formel: „Demokratie [ist] Herrschaft des Volkes durch Herrschaft des Rechts!".[167]

Dass eine der bürgerlichen Grundrechtstheorie widersprechende materialistische Tradition im österreichischen Expertenkollegium zwanzig Jahre nach der Befreiung vom Faschismus 1945 fehlte, war Ausdruck der politischen Kräfteverschiebung. Es ist deshalb kein Zufall, dass fortschrittliche Juristen wie ein Eduard Rabofsky

---

167 Vgl. Richard Bäumlin und Helmut Ridder: Rechtsstaat, in: Kommentar zum Grundgesetz für die Bundesrepublik Deutschland. (=Reihe Alternativkommentare), 2 Bände, Neuwied-Darmstadt 1984, 1288-1337.

nie auch nur gedanklich als Mitglieder des Expertenkollegiums zur Diskussion standen.

Der Wiener Arbeiterkammerjurist **Eduard Rabofsky** (1911-1994), als zumeist arbeitsloser Schlosser Sozialist von Jugend an, geprägt vom frühen Marx-Engels-Studium im Rahmen der Arbeiterbildung, 1930 Beitritt zur KPÖ, 1934 an den Februarkämpfen beteiligt, illegaler Kommunist im Kampf gegen den Faschismus, 1941 als Mitglied der Gruppe „Soldatenrat“ von der Gestapo verhaftet, nach der Befreiung 1948 promoviert,[168] hatte 1958 eine materialistisch, historisch-konkrete Auseinandersetzung mit René Marcics „Richterstaatsgedanken“ vor dem Hintergrund der NS-Justiz und vor dem Hintergrund der Angriffe von Marcic auf den „Wohlfahrtsstaat“ veröffentlicht und damit vorab der von Marcic auch im Expertenkollegium maßgeblich vertretenen Rechtsmetaphysik widersprochen.

Rabofsky erkannte hinter dem „metaphysischen Irrgarten“ Marcics die rückwärtsgewandten Angriffe auf Demokratie und soziale Sicherheit im Denkstil der „konservativen Revolution“, aber auch im Stil der „Subsidiarität“ predigenden austrofaschistischen Sozialphilosophie. Für ihn war Marcics Gestus der „existentialistischen Entscheidung“ verbrämte Ideologie des ausbeuterischen „Jungunternehmertums“ einhergehend mit der „Zerstörung der Vernunft“. Es war bezeichnend, dass die von Georg Lukács zeitgleich vorgeführten Ideologen des Irrationalismus (Oswald Spengler, J. Ortega

168 Vgl. Gerhard Oberkofler: Eduard Rabofsky: Jurist der Arbeiterklasse. Eine politische Biographie, Wien 1997. – Ferner: Hermann Klenner: Der Rechtswissenschaftler Eduard Rabofsky. Vorwort zu: Eduard Rabofsky: Wider die Restauration im Recht. Ausgewählte Aufsätze und Artikel, Wien 1991, 9-18; Zur Person Eduard Rabofskys, in: Rechtswissenschaft und Arbeiterbewegung. Festschrift für Eduard Rabofsky, hrg. von Johann J. Hagen, Peter Römer u. Wolfgang Seiffert, Köln 1976, sowie Querela juris. Gedächtnisschrift für Eduard Rabofsky, hrg. von Johann J. Hagen, Wolfgang Maßl, Alfred J. Noll, Gerhard Oberkofler, Wien-New York 1996.

y Gasset, Othmar Spann samt Schule, aber auch der antifaschistische Karl Jaspers, u.v.a.m.) Marcic als rechtsphilosophische Kronzeugen dienten.[169]

Als geschichtliches Gedankenexperiment: Eduard Rabofskys materialistische Rechtsphilosophie und Marcics „Rechtsontologie" wären im Expertenkollegium inkompatibel gewesen. Rabofsky, der im täglichen Einsatz für die Rechte der Arbeiterschaft stand, dem seine rechtswissenschaftlichen Kommentierungen des „Arbeitsvertragsrechts" (1. Auflage 1953) und des „Landarbeiterrechts" (1. Auflage 1955) widmete, erkannte hinter der rechtsphilosophischen Metaphysik von René Marcic den elitären Gestus einer Juristenkaste, die sämtlichen Forderungen der lohnabhängigen Massen, sämtlichen Organisations- und Kampfinstrumenten der Arbeiterklasse rechtlichen Charakter abspricht, sämtliche Ansprüche auf soziale (Grund-)Rechte, auf soziale Demokratie, auf betriebliche Mitbestimmung marginalisieren wollte, soziale Rechtsansprüche als unvereinbar mit der „Idee des Rechts" hinstellen wollte und diese allenfalls als „von oben" gewährte Sozialhilfeansprüche zu akzeptieren gedachte. Der politischen Auseinandersetzung mit Marcic entsprechend folgte 1961 auf dem Ersten Österreichischen Juristentag eine scharfe Antwort Rabofskys auf den Versuch österreichischer Rechtsprofessoren, den soeben vorgelegten Entwurf zu einer Kodifikation eines Arbeitsgesetzbuches auszuhöhlen.[170]

---

169 Eduard Rabofsky: Rezension von René Marcic, Vom Gesetzesstaat zum Richterstaat (Wien 1957), in: Das Recht der Arbeit (hrg. von der Kammer für Arbeiter und Angestellte für Wien) 8 (1958), 53-57.

170 Vgl. Eduard Rabofsky: Diskussionsbeitrag zum Gutachten von Franz Bydlinski „Der Gleichheitsgrundsatz im österreichischen Privatrecht", in: Bericht über den Ablauf der Arbeitssitzung der privatrechtlichen Abteilung des ersten Österreichischen Juristentages, Wien 1961, 72-77, zur Reaktion Bydlinskis, er argumentiere rein juristisch jenseits „sonstiger Politik" und ohne „finstere kapitalistische Hintergedanken" ebenda, 117-119.

Es lag auf dieser Linie, wenn Eduard Rabofsky 1964 gegen die an den Universitäten profilierten, im Expertenkollegium zur Genüge vorgetragenen Versuche, das Koalitionsrecht zu degradieren, protestierte, indem man im Interesse der Unternehmerverbände durch formalistische Spaltung die „negative" Koalitionsfreiheit, eine Art rechtswissenschaftliche Sublimierung des Streikbrechers kreierte und damit die Koalitionsfreiheit, jene „Magna Charta der Arbeiterklasse", als Ausdruck der „Entschlossenheit, Zuversicht, Würde, Solidarität und Opferbereitschaft" der Arbeiterschaft lächerlich machte.[171]

1972 wiederholte Rabofsky seine Einschätzung von der „negativen Koalitionsfreiheit" als „besonders giftiger Frucht" der bürgerlichen Rechtswissenschaft: „Nicht wenige Professoren bemühen sich derzeit, teils in direktem Auftrag, teils aus wohlverstandenem Eifer, etwa das grundlegende Recht der Arbeiterklasse, die Koalitionsfreiheit in zwei Teile zu teilen. Gelang es der Bourgeoisie in vielen kapitalistischen Staaten nicht, den elementaren Anspruch der Arbeiterklasse auf Koalitionsfreiheit direkt zu bestreiten, so versucht sie nun, dieser eine ‚negative' Koalitionsfreiheit gegenüber zu stellen und emporzujubeln, damit man diesem Wechselbalg in einer kapitalistisch-demokratischen Verfassung einen sicheren Platz einzuräumen vermag. Viel Geld wenden die Unternehmer auf, um damit das ‚Recht' eines Beschäftigten, einer Gewerkschaft nicht beizutreten, oder als Streikbrecher tätig zu werden, juristisch salonfähig zu machen." Die bürgerliche Rechtswissenschaft sieht im Zusammenschluss der Arbeiter im Grunde eine „Sünde" gegen die heiligen Grundrechte des Einzelnen, eine Gefahr für den Rechtsstaat, so Rabofsky 1972: „Als düstere ‚kollektive Mächte', die den Rechtsstaat aushöhlen und die parlamentarische Demokratie umge-

171 Vgl. Eduard Rabofsky: Vom Wert der Koalitionsfreiheit (1964), in: ders.: Wider die Restauration im Recht, Wien 1991, 81-83.

hen wollen, werden daher auch durchaus reformistische Massengewerkschaften denunziert.“

Nur zu sehr wusste Rabofsky, dass die in der zweiten Hälfte des 19. Jahrhunderts – vorübergehend – aufgehobenen Koalitionsverbote und strafrechtlichen Sanktionen gegen Streikende jederzeit abrufbar waren, dass juristische Bemühungen um eine „spezielle Notstandsgesetzgebung gegen die Arbeiterschaft“ stets präsent sind, dass das Streikrecht restriktiv interpretiert wurde und wird und allenfalls begrenzt durch und ausfließend von der „freiheitlichen Grundordnung“ akzeptiert wird.

Rabofskys rechtswissenschaftlicher Einsatz galt dem literarischen Kampf gegen eine bürgerliche Rechtsdogmatik mit ihren Versuchen, schon Urabstimmungen über die Streikbereitschaft als Friedenspflichtverletzung zu qualifizieren, dagegen mit massiven Schadenersatzklagen vorzugehen, die Klage über den „Machtmissbrauch“ der Gewerkschaften juristisch zu begründen, gegen „sozialharmonische“ Juristenillusionen, den Streik in einer Periode des „Wohlfahrtskapitalismus“ als anachronistisch hinzustellen und sozialpazifistisch zu „verrechtlichen“.

Historisch begründet warnte Rabofsky vor der anglo-amerikanischen Antigewerkschaftsgesetzgebung mit dem „Industrial Relations Act“, verhängt von einer britischen Labour-Regierung gegen einen Bergarbeiterstreik, mit dem jahrzehntelang erprobten US-amerikanischen Taft-Hartley-Gesetz, das die Bewegungsfreiheit der Gewerkschaften stark begrenzte und streikende Arbeiter diskriminierte.[172]

Die Polemik von Rabofsky gegen Marcics restaurative Rechtsphilosophie und Grundrechtsdogmatik war Ausdruck von Rabofskys seit den Tagen des antifaschistischen Widerstands geführ-

172 Vgl. Eduard Rabofsky: Mit dem „Arbeitskampfrecht“ gegen die Arbeiter. Bürgerliche Rechtswissenschaft im Dienste der Manipulierung der Gesellschaft, in: Weg und Ziel 1972, 235-237.

tem Kampf für die Rechte der Arbeiterklasse, geführt aus der Erfahrung eines Jugendlichen, der im Juli 1927 das brutale Vorgehen des bürgerlichen „Rechtsstaats“ gegen die Arbeiterklasse erlebt hatte.

Anhang
Das „Recht auf Arbeit“ in den Beratungen der Grundrechtsreformkommission („Redaktionskomitee“, 1979). Drei Dokumente

Am 18./19. Oktober 1979 wurden im zur Auswertung der Beratungen des „Expertenkollegiums“ eingesetzten „Redaktionskomitee für die Neuordnung der Grund- und Freiheitsrechte“ Formulierungsvorschläge zum „Recht auf Arbeit“ erstellt. Die beiden, im Universitätsarchiv Innsbruck/Bestand „Prof. Hans R. Klecatsky“ liegenden Beratungsprotokolle sind – unter Beibehaltung der Originalorthographie – als Dokumente im Anhang abgedruckt. *(Vgl. Eleonore Berchtold-Ostermann: Zusammenstellung der Beratungsergebnisse des Redaktionskomitees für die Neuordnung der Grund- und Freiheitsrechte 1974-1983, Wien im Dezember 1983 [unter GZl. 600.635/14-V/1/84 am 25. September 1984 vom Bundeskanzleramt an die Mitglieder des Redaktionskomitees übermittelt, ein Exemplar ebenfalls im Universitätsarchiv Innsbruck/Bestand „Prof. Hans R. Klecatsky“], hier 101f.)*

Die österreichische Debatte über ein „Recht auf Arbeit“ war in den 1970er Jahren noch auf die Idee, oder besser auf die sozialpazifistischen Illusionen eines „Austro-Keynesianismus“ abgestellt, d.h. auf den Glauben an einen harmonisch steuerbaren, jenseits aller Verwertungskrisen und aller Massenarbeitslosigkeit dauernd stabilisierbaren Kapitalismus, auf die Hoffnung auf eine dauerhaft (auf nationaler Ebene) mögliche „Vollbeschäftigungspolitik“, die auf einen öffentlich gemeinwirtschaftlichen Sektor, die „Verstaatlichte“, die aber zunehmend zerschlagen in die „Privatisierung“ getrieben wurde, gestützt war. *(Vgl. hiezu etwa Fritz Weber: Das Primat der Wirtschaftspolitik oder: Warum die österreichische Arbeiterbewegung keynesianisch wurde, in: Austro-Keynesianismus in Theorie und Praxis, Wien 1993, 21-28. Vgl. reformistisch geprägt Fritz*

Klenner: Die österreichischen Gewerkschaften III, Wien 1979, 2095-2104. – Zum „Niedergang" der Verstaatlichten seit den späten 1970er Jahren vgl. die Daten bei Felix Butschek: Die österreichische Wirtschaft im 20. Jahrhundert, Wien 1985, 185-193.) In der von irrational-„neoliberalen" Eliteideologien geprägten kapitalistischen Krise der Gegenwart ist dieser gesellschaftliche Zusammenhang der 1970er Jahre zerfallen, das Schweigen im juristischen „Überbau" zum „Recht auf Arbeit" nicht zufällig!

Das „Recht auf Arbeit" war unter bürgerlichen Verhältnissen von Anfang an janusköpfig: In der bürgerlichen Französischen Revolution von 1789 – vom Zwischenspiel der Jakobiner oder der Sansculloten abgesehen – hieß „Recht auf Arbeit" vor allem bürgerlich-liberales Recht auf Gewerbefreiheit, auch „Recht auf Eigentum" – so schon bei John Locke. Das „Recht auf Arbeit" wandelte sich erst im utopischen Sozialismus – bei R. Owen oder Ch. Fourier, aber auch im Deutschen Idealismus bei J.G. Fichte – und dann in der Revolution von 1848 in ein mit subjektivem Rechtsanspruch ausgestattetes, gegen das Privateigentum gerichtetes soziales „Recht auf Existenz", wurde in ethisch „juristensozialistischen" Konzepten zum „Recht auf den vollen Arbeitsertrag" – so etwa bei Anton Menger im Wien der 1880er Jahre. *(Vgl. Anton Menger: Das Recht auf den vollen Arbeitsertrag in geschichtlicher Darstellung, Stuttgart 1886, 2. Auflage 1891. – mit weiteren historischen Auswertungen der im Wiener Umfeld Mengers stehende Rudolf Singer: Das Recht auf Arbeit in geschichtlicher Darstellung, Jena 1895.)*

Viel denunziert wurden die 1919 in der Weimarer Reichsverfassung verankerten sozialen Grundrechte: Nach der gescheiterten sozialen Revolution von 1918/19, nach dem Ende der Sozialisierungsbewegung verkam das „Recht auf Arbeit" unter dem Kapitalismus (der „Inflationshaie") der 1920er Jahre zur Phrase, zur „Programmformel", wie rechte Juristen um Carl Schmitt verächtlich sprachen. In Österreich hatte das Bürgertum die revolutionäre Bewegung von 1918/19 so rechtzeitig „eingedämmt", dass die sozialen Grundrechte erst gar nicht über das Verfassungs-Entwurfstadium hinauskamen. *(Vgl. historisch Thilo Ramm: Das Recht auf Arbeit und die Gesellschaftsordnung, in: Das Recht des Menschen auf Arbeit, hrg. von Hans Ryffel und Johannes Schwartländer, Kehl-Straßburg 1983, 65-96. und Margarete Grandner: Das Recht auf Arbeit, in: Grund- und Menschenrechte. Historische Perspektiven – Aktuelle Problematiken, hrg. von Margarete Grandner, Wolfgang Schmale und Michael Weinzierl, Wien 2002, 257-291.)* Nach der Befreiung vom Faschismus und seiner vom Monopolkapital angeheizten europäischen Kriegsbarbarei lebte der Sozialisierungs- und Verstaatlichungsgedanke und mit ihm das „Recht auf Arbeit“ nach 1945 als Lehre der Geschichte wieder auf.

Aber in der Tat: Ein „Recht auf Arbeit“ ist unter den Bedingungen der kapitalistischen Lohnarbeit, der “Ware Arbeitskraft”, der Mehrwert heckenden Profitlogik sinnlos, verkommt unter den auf dem bürgerlichen Privateigentum beruhenden Produktionsverhältnissen notwendig zum „elenden, frommen Wunsch“, zur billigen Ideologie, zum Surrogat dürftiger Armenunterstützung – dagegen kann der beste Anspruch auf ein noch so gut subjektiv rechtlich abgesichertes „Recht auf Arbeit“ nicht ankommen, so Marx’ scharfe, 1850 in den „Klassenkämpfen in Frankreich“ und 1875 in der Kritik des Gothaer Programms der deutschen Sozialdemokratie angestellte, auch heute gültige Diagnose. Das „Recht auf Arbeit“ ergibt für Marx nur Sinn als erste unbeholfene Forderung nach Aufhebung der kapitalistischen Produktionsweise, nach „Aufhebung der Lohnarbeit, des Kapitals“. *(Zur Hilflosigkeit sozialer Grundrechte unter kapitalistischen Bedingungen vgl. Karl Marx: Die Klassenkämpfe in Frankreich 1848 bis 1850 [1850], in: MEW 7, Berlin 1978, 9-107 hier 41f. – Wider sämtliche liberalen und sozialen Grundrechtsillusionen, sowie juristischen Illusionen überhaupt Karl Marx: Kritik des Gothaer Programms. Brief an Wilhelm Bracke – Randglossen zum Programm der deutschen Arbeiterpartei (1875), in: MEW 19, Berlin 1978, 11-32 und Friedrich Engels: Brief an August Bebel vom März 1875, in: ebenda 3-9.)*

Für die in den Kategorien des bürgerlichen Rechts denkenden, teils liberalen, teils konservativen, teils in sozialdemokratisch reformistischen Illusionen befangenen österreichischen Grundrechtsreformer war natürlich nicht dies der Grund ihrer Bedenken gegen ein subjektiv rechtlich verankertes „Recht auf Arbeit". Sie entwickelten vielmehr – selbst unter den scheinbar günstigen „wohlfahrtsstaatlichen" Bedingungen der 1970er Jahre – ihre Einwände von der Logik bürgerlicher Rechtsdogmatik her, als Streit über den Status von „Programmsätzen", „Rechtsansprüchen", von „Justitiabilität", auch von „Sozialmissbrauchs"-Ängsten ausgehend. Die Debatte über das „Recht auf Arbeit" kam also kaum über den Horizont des dominierenden bürgerlichen Rechtsdenkens hinaus.

Trotzdem waren und sind die Bemühungen um ein „Recht auf Arbeit" als subjektives Recht im Verfassungsrang – so von Hans R. Klecatsky in nachfolgenden Dokumenten entwickelt – eine hoch bedeutende rechtspolitische und rechtsdogmatische Denkleistung, gerade in der „neoliberalen" Gegenwart des Jahres 2003, wo in „Konventen" nicht einmal mehr marginal über soziale Grundrechte debattiert wird – wozu wäre dies in Zeiten von „BRD-Agenda 2010", „Hartz-Kommission", österreichischer „Pensionssicherungsreform" 2003, geplanter Eingriffe in das Arbeitslosenversicherungsrecht, also eines zuletzt unter dem Titel „new economy" firmierenden (Raubtier-) Kapitalismus auch gut?

Vor diesem Hintergrund sind die folgenden Protokollauszüge aus dem Herbst 1979, in denen von Hans R. Klecatsky, Wilhelm Rosenzweig, u.a. die verfassungsrechtliche Verankerung einer Arbeitslosenversicherung samt „Rückschrittsverbot", u.a.m. verlangt wird, lesenswert!

Protokoll über die 36. Sitzung des Redaktionskomitees für die Neuordnung der Grund- und Freiheitsrechte am 18. Oktober 1979.

Vorsitz: Präsident des Verwaltungsgerichtshofes, Hon.Prof. Dr. Edwin Loebenstein

Sonstige Mitglieder des Redaktionskomitees:
Univ.Doz. Dr. Ludwig Adamovich
Univ.Prof. Dr. Hans Floretta
Sektionschef Dr. Oswin Martinek
Bundesminister a.D. Univ.Prof. Dr. Hans R. Klecatsky
Vizepräsident des VwGH Hon.Prof. Univ. Doz. Dr. Friedrich Lehne
Univ.Prof. Dr. Theo Öhlinger
Rechtsanwalt Dr. Wilhelm Rosenzweig
Univ.Prof. DDr. Robert Walter

Für das BKA-VD:
Dr. Klaus Berchtold (bis 16.00 Uhr)
Dr. Eleonore Berchtold-Ostermann

Dauer: 15.00 bis 17.45 Uhr

[...]
Sodann gab Berchtold einen Überblick über die gegenwärtige Situation der Bearbeitung der MRK und der sozialen Grundrechte im Rahmen des Europarates.

In einer kurzen Einleitung erläuterte Martinek die von Floretta, Öhlinger und ihm ausgearbeiteten Formulierungsvorschläge betreffend das Recht auf Arbeit [*hier im Anhang abgedruckt – Anm. der Hrg.*].

Rosenzweig erklärte, er sei bei der 75. Arbeitstagung nicht anwesend gewesen, glaube aber daß die hier formulierten Gedankengänge richtig sind. Er gebe nur zu bedenken, daß man bei der erstmaligen verfassungsrechtlichen Verankerung der sozialen Grundrechte, und hier gerade beim Recht auf Arbeit, eine Formulierung finden müsse, die entweder ein subjektives Recht einräume oder einem solchen sehr nahe komme. Er trete etwa für folgende Formulierung ein:

> „Jeder arbeitswillige und arbeitsfähige Staatsbürger hat ein Recht auf Arbeit. Soweit zumutbare Arbeitsgelegenheiten nicht zur Verfügung stehen, ist für einen angemessenen Unterhalt der Betroffenen und ihrer Familien durch gesetzliche Maßnahmen Sorge zu tragen.“

Er glaube, daß die von den Bearbeitern vorgeschlagene Formulierung diesen Gedanken nicht in voller Schärfe zum Ausdruck bringe. Auch scheine der Gedanke der Vollbeschäftigung nicht ausreichend berücksichtigt. Man muß ja auch überlegen, ob man nicht Bund, Länder und Gemeinden durch Gesetze und andere Maßnahmen, insbesondere solcher auf dem Gebiet der Wirtschaftspolitik, durch Einflußnahme auf Unternehmen, die diese direkt oder indirekt kontrollieren, verpflichten müsse, Sorge dafür zu tragen, daß das Angebot an Arbeitsplätzen nicht unter der Nachfrage liege. Das Angebot und die Nachfrage sollten sich die Waage halten. Er denke etwa an Wirtschaftsgesetze, Steuergesetze und Maßnahmen im Rahmen der Privatwirtschaftsverwaltung, aber auch an Maßnahmen wie etwa Investitionsbegünstigung oder Arbeitszeitregelungen.

Walter meinte, er halte es für richtig, daß die Bearbeiter dieses Formulierungsvorschlages vom geltenden Rechtsschutzsystem ausgegangen seien. In diesem Lichte betrachtet, handle es sich beim Abs 1 zunächst um eine Bestimmung, die kein subjektives Recht einräume, sondern die Gesetzgebung und die Vollziehung binde. Er stimme diesem Gedanken ganz zu. Es sei unmöglich, ein subjektives Recht zu statuieren; er wende sich auch gegen eine einem subjektiven Recht nahekommende Formulierung, weil man wisse, daß man eine solche kaum finden könne. Er werfe nur die Frage auf, ob die Bestimmung hinreichend deutlich sei; sie habe nämlich nur dann einen Sinn, wenn man vom Verfassungsgerichtshof zu prüfende Gesetze eindeutig daran messen könne. Ihm scheine fraglich, ob dem Verfassungsgerichtshof eine Kompetenz zur Prüfung von wirtschaftspolitischen Konsequenzen eingeräumt werden solle. Er würde auch nicht auf „Gesetze und sonstige Maßnahmen" abstellen, sondern die Formulierung „Gesetzgebung und Vollziehung" vorziehen, weil damit die gesamte staatliche Tätigkeit umfaßt wäre. Das Grundproblem liege darin, daß zwar kein subjektives Recht formuliert sei, aber trotzdem eine gewisse Justiziabilität erreicht werden solle.

Auf den Einwand von Öhlinger, weshalb Rosenzweig sich für ein subjektives Recht – die Formulierung „Jedermann hat ein Recht auf Arbeit" spreche ja dafür – einsetze, meinte Rosenzweig, ihm gehe es bei der erstmaligen Schaffung eines sozialen Grundrechtes darum, daß die Formulierung den anderen Formulierungen adäquat sei. Viele Grundrechte hätten ein zündendes Element in sich, deshalb schlage er diese Formulierung vor.

Darauf erwiderte Öhlinger, den Intentionen von Rosenzweig würde die Alternativvariante des Absatzes 1 entsprechen. Gerade hier komme die Wertschätzung der Arbeit besonders deutlich zum Ausdruck, ohne daß es sich um ein subjektives Recht handle.

Der Vorsitzende bemerkte, ein Teil der Mitglieder des Grundrechtskollegiums sei überhaupt dagegen gewesen, soziale Grundrechte auf die gleiche Stufe wie politische Grundrechte zu stellen. Er sei davon ausgegangen, daß man eine Regelung betreffend die sozialen Grundrechte jedenfalls in die Verfassung aufnehmen müsse. Rosenzweig allerdings sei weitergegangen, weil er das Recht auf Arbeit als subjektives Recht konstruiert wissen wolle. Allerdings komme der Absatz 2 in beiden Formulierungsvarianten den Intentionen Rosenzweigs entgegen, weil jedenfalls eine Sicherung des angemessenen Unterhalts auf verfassungsrechtlicher Stufe getroffen sei.

Floretta meinte, stimulierend sei überhaupt, daß das Recht auf Arbeit in die Verfassung aufgenommen werde, sei es nun als subjektives Recht oder als Programmsatz: Eine einem subjektiven Recht nur nahekommende Formulierung lehne er ab, denn man würde hier etwas vortäuschen, was tatsächlich nicht gewährleistet sei. Gewährleistet sei nur ein Surrogat, nämlich das Recht auf Unterstützung, dieses allerdings stelle ein subjektives Recht dar.

Der Vorsitzende warf zu Abs 2 der ersten Variante die Frage auf, ob der Anspruch unmittelbar durchsetzbar sei, oder ob eine solche Regelung nur auf Gesetzesstufe zu treffen sei. Dies wäre aber noch zu diskutieren.

Klecatsky pflichtete Rosenzweig bei und meinte, man könnte noch einen Schritt weitergehen. Man sollte zwar die Diskussion nicht wiederholen, er wolle aber festhalten, daß er gerade in diesem Bereich die Einräumung subjektiver Rechte vertrete. Er habe immer wieder dargelegt, daß man bei der Behandlung von Grund- und Freiheitsrechten besonders auf die Befreiung von der Bevormundung durch den Staat abstellen müsse. Der Mensch sei selbst in der Lage, seine Rechte zu verfechten. Nur aus diesem Grund trete er gerade auf dem Gebiet der sozialen Grundrechte für eine Verankerung als subjektive Rechte auf Verfassungsstufe ein. Er sei auch der Auffassung, insbesondere im Zusammenhang mit anderen sozialen Grundrechten müsse ein allgemeines verfassungsrechtliches Rückschrittsverbot eingefügt werden. Er habe in der damaligen Diskussion auch über den Rechtsschutz gesprochen und insbesondere darauf hingewiesen, daß man einen solchen Anspruch im Wege einer Klage nach Art. 137 B-VG durchsetzbar machen könnte, weil es sich jedenfalls um vermögensrechtliche Ansprüche handle. Was den Anspruch auf angemessenen Unterhalt betreffe, gehe es darum, diesen Anspruch unmittelbar durchsetzbar zu machen. Er trete jedenfalls für die Schaffung eines subjektiven Rechtes ein, das inhaltlich determiniert sein müßte mit einem verfassungsrechtlich abgesicherten Verbot des sozialen Rückschritts, wie etwa ein Verbot der Abschaffung der Arbeitslosenversicherung. Fraglich sei weiters, ob dieser ja an den Gesetzgeber gerichtete Auftrag vom Einzelnen durchgesetzt werden könne. Man müsse daher dem Einzelnen schnelle Rechtsverfolgungsmöglichkeiten zugestehen.

Rosenzweig meinte, man hätte es erstmals mit einem Grundrecht zu tun, das einen status positivus einräumen und nicht den status negativus schützen solle. Wenn er dafür eintrete, die Verfassung solle klar und eindeutig sagen, daß der arbeitsfähige und arbeitswillige Einzelmensch ein Recht haben solle, einen Arbeitsplatz zu bekommen, so gehe er davon aus, daß es sich um ein Recht handle, das nicht bloß einen frommen Wunsch darstelle. Die moderne Wirtschaftspolitik ermögliche es dem Staat, eine Politik zu betreiben, die jedem einen Arbeitsplatz sichert und die den Eintritt des demoralisierenden Zustandes verhindert, daß die Bevölkerung keinen Arbeitsplatz finde und die demokratischen Einrichtungen gefährdet seien. Er glaube, daß jemand, der Arbeit wolle und nicht bekomme, dies auch deutlich artikulieren können und die Möglichkeit haben solle, eine solche Arbeit zu bekommen. Er sei sich im klaren, daß die gegenwärtigen Rechtsschutzmöglichkeiten beschränkt seien; dies schließe aber nicht aus, neue zu finden, wie dies etwa in der BRD geschehen sei. Dem Verfassungsgerichtshof könne die Zuständigkeit eingeräumt werden, dem Gesetzgeber Maßnahmen zur Beseitigung dieser Übelstände in einer festzusetzenden Frist aufzutragen.

Auf einen Einwand von Floretta, ob der Einzelne wirklich einen Anspruch auf eine ihm entsprechende Wirtschaftspolitik habe und ob der Verfassungsgerichtshof nicht überbeansprucht wäre, wenn er darüber abzusprechen hätte, meinte Rosenzweig, er sei sich im klaren, daß der Verfassungsgerichtshof keine Gesetze erlassen könne. Seiner Meinung nach sei es aber sehr wichtig, ihm eine Kompetenz einzuräumen, mittels derer er auf die Verwirklichung solcher Maßnahmen zumindest hinwirken könne.

Darauf stellte Martinek die Frage, ob man dem Einzelnen wirklich einen Einfluß auf die Vollbeschäftigungspolitik einräumen solle. Wenn man die Aussagen der Futuristen betrachte, so stelle sich schon heute die Frage, ob es möglich sei, alle Menschen überhaupt beschäftigen zu können. Gerade diese Frage bewege auch gegenwärtig sämtliche Interessenvertretungen. In der vorgeschlagenen Formulierung komme bereits zum Ausdruck, daß es sicherlich die ständige Aufgabe des Staates ist und auch dessen Hauptziel darstelle, das Recht auf Arbeit zu gewährleisten. Dies umfasse auch die Beschäftigungspolitik. Wie man sie im Konkreten durchführe und ob der Einzelne sie durchsetzen könne, scheine ihm problematisch. Die vorgeschlagene Formulierung stelle ohnedies entweder auf Zurverfügungstellung eines Arbeitsplatzes oder aber auf durchsetzbare Versorgungsleistungen ab. Auch sei es fraglich, ob der Verfassungsgerichtshof als Sozialkonstrukteur insbesondere bei zukünftigen Entwicklungen eine Lösung finden könne.

Floretta meinte, er sei bereits seit langer Zeit für die Verankerung der sozialen Grundrechte im Verfassungsrecht eingetreten. Allerdings scheine ihm eine Anrufung des Verfassungsgerichtshofs in solchen Fragen schon aus praktischen Erwägungen unrealistisch.

Walter bemerkte, er halte es für die Aufgabe des Redaktionskomitees, Formulierungen zu finden und nicht die bereits im Grundrechtskollegium durchgeführte Diskussion nochmals abzuführen. Es sei auch nicht zweckmäßig, das Rechtsschutzsystem neu zu diskutieren. Er habe gegen die Schaffung eines subjektiven Rechtes dieselben Bedenken wie Floretta, er halte auch nichts von einem Anspruch des Einzelnen auf eine ordentliche Wirtschaftspolitik; ebensowenig solle der Verfassungsgerichtshof entscheiden, ob eine bestimmte Wirtschaftspolitik richtig sei oder nicht. Er stimme dem Vorschlag zu, wenn Abs 1 kein subjektives Recht darstelle. Die Formulierung stelle aber anscheinend auch eine Determination der

Gesetzgebung und der Verwaltung dar – und wenn sie das sei, dann hätte der Einzelne doch eine Art von Anspruch auf eine bestimmte Art von Wirtschaftspolitik, wenn man bedenke, daß man eine Beschwerde an den Verfassungsgerichtshof mit der Behauptung erheben könne, es werde nicht die richtige Wirtschaftspolitik betrieben. Wenn man diese Bestimmung aber als reinen Programmsatz gestalte, so halte er das für richtig. Dann solle man sich aber auch darüber ganz klar werden, wie man diesen formuliere. Bezüglich des Rechtsschutzes sehe er jedenfalls, daß das Subsidiaritätsrecht ein durchaus brauchbares Mittel sei, einen status positivus durchzusetzen. Er trete daher für folgende Formulierung ein:

„Gesetzgebung und Vollziehung sollen jedem Staatsbürger die Möglichkeit geben, durch frei einzugehende Arbeitsverhältnisse seine Persönlichkeit zu entfalten und seinen Lebensunterhalt zu verdienen. Soweit zumutbare Arbeitsgelegenheiten nicht zur Verfügung stehen, hat der Einzelne Anspruch auf den notwendigen Unterhalt für sich und seine Familie. Dieses Recht ist insbesondere durch gesetzliche Einrichtungen im Bereich der Arbeitsverwaltung und der Berufsausbildung zu verwirklichen."

Dann käme der Abs 3 des Formulierungsvorschlages. Zur Begründung meinte Walter, er habe bewußt auf den notwendigen Unterhalt abgestellt, da es sich um ein Minimalrecht handeln solle.

Darauf erwiderte Klecatsky, Walter habe – ebenso wie er – auf seine früheren Diskussionsbeiträge Bezug genommen. Er trete für folgende Formulierung ein:

„Dem Einzelmenschen soll ein verfassungsgesetzlich gewährleisteter Anspruch auf Erfüllung eines an den einfachen Gesetzgeber ergehenden Verfassungsauftrages eingeräumt werden, das Recht auf Arbeit gegen angemessenes Entgelt zu erfüllen. Dieses subjektive verfassungsgesetzlich gewährleistete Recht soll vor dem Verfassungsgerichtshof durchsetzbar sein."

Er trete unbedingt dafür ein, daß der Einzelne die Möglichkeit habe, seine wirtschaftspolitischen Vorstellungen vor den Verfassungsgerichtshof zu bringen, weil gerade die wirtschaftspolitischen Vorstellungen der zuständigen Organe vor einem Gericht transparent gemacht würden. Außerdem könnten Gesetze auch schon heute vom Einzelnen angefochten werden, die dieser auch nicht überprüfen könne. Ihn erinnere die Diskussion ein wenig an das vorige Jahrhundert, als man darüber diskutierte, ob dem Einzelnen ein Klagerecht vor dem Reichsgericht und dem Verwaltungsgerichtshof eingeräumt werden sollte. Die Wirtschafts- und die Sozialpolitik beträfen den Einzelmenschen in der heutigen Zeit ganz besonders.

Lehne meinte, er sei grundsätzlich mit den Vorschlägen einverstanden, es bleibe nur das Anliegen, die besprochenen Bindungen klarer zum Ausdruck zu bringen. Zu den Diskussionsbemerkungen von Klecatsky meinte er, er trete durchaus für eine Stärkung der subjektiven Rechte des Menschen ein. Ein Individualantrag, der auf die Unrichtigkeit der Wirtschaftspolitik abziele, scheine ihm aber doch zu weit zu gehen.

Der Vorsitzende bemerkte, Rosenzweig und Klecatsky gehe es um die Formulierung eines subjektiven Rechtes auf Arbeit. Die Redaktoren hätten einen Mittelweg versucht. Die Durchsetzbarkeit der Grundrechte sei nach seiner Auffassung in einem allgemeinen Rahmen zu besprechen. Es stelle sich aber auch die Frage, nach welchen Gesichtspunkten der Verfassungsgerichtshof bei der Beurteilung der Wirtschaftspolitik judizieren solle. Ihm scheine dies dann doch zu einem Sachverständigenprozeß auszuarten oder aber darauf hinauszulaufen, daß der Verfassungsgerichtshof de facto als Wirtschaftsgesetzgeber tätig werde.

Rosenzweig trat für eine Verpflichtung des Staates ein, eine Politik der Vollbeschäftigung zu betreiben und dafür zu sorgen, daß hinreichend Arbeitsplätze zur Verfügung stünden. Dies sei seiner Meinung nach nicht genügend zum Ausdruck gekommen. Zur Frage der Vollbeschäftigung gebe es durchaus verschiedene Meinungen. Er glaube, die Verfassung solle zum Ausdruck bringen, daß der Staat verpflichtet sei, für eine Vollbeschäftigung zu sorgen. Ein weiteres Problem stelle die Formulierung des Rechtes auf Arbeit dar. Ihm scheine die Betonung auf Recht auf Arbeit wesentlich. Wenn das klar zum Ausdruck komme, seien seine Bedenken nicht mehr vorhanden.

Darauf erwiderte Öhlinger, es scheine sich doch nur um eine Formulierungsfrage zu handeln. Das Recht auf Arbeit stehe jedenfalls im Alternativvorschlag des Abs 1 im Vordergrund. Außerdem habe man über den Abs 3 noch gar nicht diskutiert.

Adamovich meinte, ihm sage der Alternativvorschlag des Abs 1 mehr zu. Was die persönliche Entfaltung des Menschen betreffe, so scheine ihm diese Formulierung nicht ganz „geheuer“, denn es gebe Formen der Arbeit, die keine Entfaltungsmöglichkeiten bieten. Es stelle sich die Frage, wie hier Akzente zu setzen seien. Er würde auch vorschlagen, lediglich auf Arbeitsverhältnisse abzustellen, weil z.B. im Bereich des Beamtenrechtes Schwierigkeiten bestünden, von frei einzugehenden Arbeitsverträgen zu sprechen. Was die Frage der Durchsetzbarkeit des Rechtes auf Arbeit betreffe, so müsse dafür seiner Auffassung nach eine neue Möglichkeit gefunden werden.

Martinek bemerkte, im Alternativvorschlag sei, wenn auch nicht ausdrücklich, so doch jedenfalls inhaltlich auf die Vollbeschäftigung abgestellt. Er gebe auch zu bedenken, daß kein einheitlicher Begriff „Vollbeschäftigungspolitik“ bestehe. Das Wesentliche daran sei doch, daß der Staat verpflichtet werde, Aktionen zur Schaffung und Erhaltung von Arbeitsplätzen zu setzen. Dies scheine ihm das wesentliche Anliegen von Rosenzweig und dem käme man mit der Formulierung der Variante zu Abs 1 doch sehr nahe.

Klecatsky bemerkte, im Gegensatz zu Walter wolle er auf den angemessenen Unterhalt abstellen. Auch die Sozialcharta stelle auf diesen Begriff ab. Er würde auch vorschlagen, einen unmittelbar durchsetzbaren rechtlichen Anspruch für den Einzelnen auf diesen angemessenen Unterhalt festzulegen.

Der Vorsitzende meinte, er sei sich nicht im Klaren, was im Alternativvorschlag unter „unter den besonderen Schutz des Gesetzes" zu verstehen sei. Wodurch solle dieser besondere Schutz in Erscheinung treten, handle es sich da um eine möglicherweise qualifizierte Tätigkeit des Gesetzgebers? Er erinnere sich, daß diese Formulierung z.B. im § 21 ABGB vorgesehen sei.

Darauf erwiderte Martinek, diese Formulierung wolle der besonderen Bedeutung des Rechtes auf Arbeit gerecht werden.

Öhlinger bemerkte, es handle sich bei den vorgeschlagenen Formulierungen sicher um Programmbestimmungen, die die Werthaftigkeit der Arbeit in unserer Gesellschaft zum Ausdruck bringen sollen, es handle sich aber um keine normative Bestimmung zur Begründung unmittelbarer Rechte. Dies schien den Bearbeitern die Ansicht des Kollegiums zu sein. Die Formulierung schien in der vorgeschlagenen Form auch deswegen zweckmäßig, weil damit die Brücke zum Gesamtsystem der Grundrechte hergestellt worden sei. Es sei auch zum Ausdruck gebracht worden, daß Arbeit nicht jede Arbeit sei, sondern eben nur eine solche, bei der eine Entfaltungsmöglichkeit und eine Verdienstmöglichkeit bestehen. Aus diesem Grund habe die Formulierungsvariante zu Abs 1 auch das gewünschte Pathos berücksichtigt.

Walter stellte zu Abs 3 der vorgeschlagenen Variante die Frage, ob danach die gesamte Arbeitsvermittlung dem Staat obliegen solle, obwohl das derzeit nicht der Fall sei.

Darauf erwiderte Floretta, an eine Monopolisierung der Arbeitsvermittlung habe man bei der Formulierung nicht gedacht, weil es ja auch schon derzeit in gewissem Rahmen private Arbeitsvermittlung gebe. Zu der von Rosenzweig vertretenen Auffassung der Einklagbarkeit des Grundrechtes meinte Floretta, dieser Auffassung könne er sich nicht anschließen. Man habe aber mit dem Abs 1 der Variante zum Ausdruck bringen wollen, daß die Erreichung der Vollbeschäftigung sicherlich ein Programmsatz sei.

Dazu meinte Walter, man könne dies in einem Klammerausdruck festhalten, Klecatsky, meinte, in der am 19.10.1979 stattfindenden Sitzung müsse man sich jedenfalls über folgende Probleme unterhalten: „Angemessener Unterhalt, unmittelbare Durchsetzbarkeit und die Ziffer 3 der vorgeschlagenen Formulierung".

Sodann vertagte der Vorsitzende die weitere Diskussion auf den 19.10.1979.

Protokoll über die 37. Sitzung des Redaktionskomitees für die Neuordnung der Grund- und Freiheitsrechte am 19. Oktober 1979

Vorsitz: Präsident des Verwaltungsgerichtshofes, Hon.Prof. Dr. Edwin Loebenstein

Sonstige Mitglieder des Redaktionskomitees:

Univ.Doz. Dr. Ludwig Adamovich
Univ.Prof. Dr. Hans Floretta
Sektionschef Hon.Prof. Dr. Oswin Martinek
Bundesminister a.D. Univ.Prof. Dr. Hans R. Klecatsky
Vizepräsident des VwGH Hon.Prof. Univ. Doz. Dr. Friedrich Lehne
Univ.Prof. Dr. Theo Öhlinger
Rechtsanwalt Dr. Wilhelm Rosenzweig
Univ.Prof. Dr. Dr. Robert Walter

Für das BKA-VD: Dr. Eleonore Berchtold-Ostermann

Dauer: 15.00 bis 17.45 Uhr

Gegenstand der Beratungen war die Fortsetzung der Behandlung des Formulierungsvorschlages „Recht auf Arbeit". Bei dieser Sitzung wurden den Mitgliedern die von Rosenzweig und Walter erarbeiteten Formulierungen übergeben.

Rosenzweig erläuterte zunächst seinen Entwurf und meinte insbesondere, er habe entsprechend der internationalen Terminologie die Formulierung „Recht auf Arbeit" gewählt. Die Formulierung im Abs 3 „Arbeitswillige und Arbeitsfähige" habe er deswegen gewählt, um dem Problem Rechnung tragen zu können, für Leute, die nur zum Schein Arbeit suchen, dieses Recht nicht zu gewährleisten.

Man solle die Einrichtung eines solchen Rechtes nicht in Verruf bringen. Was den Satz „Näheres regelt das Gesetz“ betreffe, so halte er diesen jedenfalls für erforderlich. Er wolle den in der letzten Diskussion wiederum vorgeschlagenen Weg zur Geltendmachung des Anspruches nach Art 137 B-VG vermeiden; seiner Meinung nach sollten andere Zuständigkeiten geschaffen werden. Was den Ersatzanspruch betreffe, so solle dieser Anspruch auch jenen Personen zustehen, die keiner entsprechenden Arbeitslosenversicherung unterliegen. Man könnte es auch der einfachen Gesetzgebung überlassen, Arbeitslosenentgelte an Ausländer auszuzahlen.

Dazu meinte Klecatsky, er sei jedenfalls mit der Formulierung „Recht auf Arbeit“ einverstanden.

Walter meldete Bedenken gegen die Formulierung „Recht auf Arbeit“ an, weil eben nicht wirklich ein subjektives Recht gewährleistet sei. Wenn man zusätzlich das Argument vorbringe, auch die Überschrift gewährleiste schon ein solches Recht, so könnte seiner Meinung nach auch diese Wendung wegfallen, im Übrigen gelte der Grundsatz „rubrica non est lex“. Daß die internationalen Übereinkommen diese Formulierung vorsehen, beeindrucke ihn nicht; er könne sich einer Formulierung des Absatzes 1 nur insoferne anschließen, als expressis verbis festgelegt sei, daß es sich um kein subjektives Recht handle. Seiner Meinung nach sei die vorgeschlagene Formulierung jedenfalls irreführend. Bei Abs 2 sei er der Ansicht, daß man es hier mit einem allgemeinen Problem zu tun habe, wenn man die Privatwirtschaftsverwaltung ebenfalls einbeziehe. Es erhebe sich die Frage, ob man auch den Staat als Fiskus durch das Grundrecht binden wolle. Er stimme im Prinzip zu; es handle sich aber jedenfalls um ein allgemeines Problem. Auch gehe aus dem Vorschlag hervor, daß Rosenzweig zu der Meinung zurückgekehrt sei, der Verfassungsgerichtshof sei sehr wohl geeignet, über die Verwirklichung wirtschaftspolitischer Zwecke zu urteilen. Dies ergebe sich auch aus der Formulierung des Abs 2 dieses Vorschlages.

Außerdem spreche er sich gegen die Formulierung „näheres regelt das Gesetz“ im Abs 3 des Formulierungsvorschlages aus.

Auf den Einwand von Rosenzweig, daß man in den allgemeinen Überlegungen einen Weg finden müsse, um der Säumigkeit des Gesetzgebers einen Riegel vorzuschieben, meinte Walter, dies sei aber durch die vorliegende Formulierung noch nicht geschehen.

Zu der Formulierung „gewährleistet“ in Abs 1 meinte der Vorsitzende, er könne sich mit dieser Formulierung insoweit abfinden, wenn man die Absätze 1, 2 und 3 des Vorschlages als integrale Einheit ansehe. Man könne hier eben nur systematisch interpretieren. Was das Problem der Privatwirtschaftsverwaltung betreffe, so meine er, daß auch die Privatrechtsverwaltung des Staates irgendwie ein Gesetz erfordere, wie z.B. das Bundesfinanzgesetz, und man könnte auch sagen, daß durch sonstige Einrichtungen oder Maßnahmen für die Erreichung dieser Ziele zu sorgen sei. Die Formulierung „näheres regelt das Gesetz“ würde bei Festhalten an der bisherigen Judikatur nichts ändern, es sei denn, man würde ein wirksames Instrumentarium für Maßnahmen gegen den säumigen Gesetzgeber schaffen.

Zu dem vorliegenden Formulierungsvorschlag meinte Floretta, Abs 1 sei in Wahrheit eine Wiederholung der Überschrift; man könne ihn noch dadurch entschärfen, daß man folgende Formulierung vorsehe:

> „Das Recht auf Arbeit zur Sicherung des Lebensunterhaltes und der Entfaltung der menschlichen Persönlichkeit ist den Staatsbürgern in folgender Weise gewährleistet.“

Dadurch würde der Abs 1 die Überschrift verdeutlichen und die gewünschte Signalwirkung ermöglichen. Im Abs 2 sei nunmehr expressis verbis die Vollbeschäftigung enthalten. Das, was in Abs 3 des von ihm, Martinek und Öhlinger ausgearbeiteten Formulierungsvorschlages enthalten gewesen wäre, sei nun zusammengezogen. Abs 3 gewähre seiner Ansicht nach durch die Formulierung „näheres regelt das Gesetz“ keinen unmittelbaren Anspruch mehr.

Martinek meinte, die nunmehr vorgeschlagenen Formulierungen seien das Ergebnis der Beratungen am 18. Oktober. Durch die Gewährleistung des Rechtes sei zum Ausdruck gebracht, daß es eine ständige Aufgabe des Staates sei, für ein Recht auf Arbeit Sorge zu tragen. Gegen Abs 2 habe er im wesentlichen keine Einwände. Im Abs 3 wolle er auf den Klammerausdruck (Arbeitswilligen und Arbeitsfähigen) verzichten, wenn man folgende Formulierung wähle: „soweit solche Arbeitsgelegenheiten arbeitsuchenden Personen nicht zur Verfügung stehen“.

Darauf erwiderte Rosenzweig, die Formulierung „arbeitsuchende“ sei nicht hinreichend, weil seiner Meinung nach bei Ablehnung einer zur Verfügung gestellten Arbeit der Anspruch nicht bestehen solle. Seine Formulierung solle dem „Tachiniererproblem“ einen Riegel vorschieben.

Klecatsky meinte, er wolle im Abs 1 die Formulierung „in folgender Weise“ nicht aufgenommen haben, weil Abs 1 nur eine Interpretationshilfe für die weiteren Absätze darstelle. Außerdem wäre in diesem Absatz durch den Einschub die zündende Kraft dieser Formulierung nicht mehr vorhanden.

Auch Öhlinger meinte, durch den Einschub „in folgender Weise“ würde der erste Absatz entwertet und seiner Signalwirkung beraubt sein.

Auf den Einwand von Klecatsky, man müsse auch auf eine entsprechende Entfaltungsmöglichkeit der Person Bedacht nehmen und nicht nur das Recht auf Arbeit normieren, sondern auch die Ausübung der entsprechenden Beschäftigung gewährleisten, meinte Floretta, diese Frage sei ausführlich zu diskutieren, da das Recht auf Beschäftigung seiner Auffassung nach einen anderen Begriffsinhalt habe als das Recht auf Arbeit.

Dazu meinte der Vorsitzende, das Recht auf Arbeit, nämlich auf Abschluß eines Arbeitsverhältnisses sei vom Begriffsinhalt her in den internationalen Dokumenten so verschieden wie in der österreichischen Arbeitsrechtslehre.

Darauf erwiderte Martinek, das Recht auf Beschäftigung sei in Österreich nur im Schauspielergesetz eindeutig geregelt. Auch könne man nach herrschender Lehre aus dem Recht auf Arbeit den Anspruch auf Beschäftigung noch nicht ableiten.

Darauf erwiderte Klecatsky, ein solches Recht habe man bisher auch nicht ableiten können, weil es noch nicht verfassungsgesetzlich gewährleistet gewesen sei. Im Rahmen eines neuzuschaffenden Grundrechtskataloges müßte man aber jedenfalls darüber diskutieren, ob sich nicht aus dem verfassungsgesetzlich gewährleisteten Recht auf Arbeit auch ein solches Recht auf Beschäftigung ergebe.

Darauf erwiderte Floretta, der Anspruch, daß man ein Arbeitsverhältnis erhalte, sei nicht unmittelbar gesichert. Das Wichtige sei, daß durch die Vollbeschäftigungspolitik jedermann ein tragbares Arbeitsverhältnis erhalte. Dies scheine die vordringlich zu behandelnde Frage zu sein. Die von Klecatsky angeschnittene Lösung würde eine Veränderung der gesamten Umstände in der Arbeitswelt bedeuten. Ob dies überhaupt auch in ökonomischer Hinsicht durchführbar sei, sei unter den gegenwärtigen und den zu erwartenden Umständen fraglich.

Darauf erwiderte Klecatsky, es sei eine Frage der Auslegung, ob eine teilweise Nichtbeschäftigung der vorgeschlagenen Verfassungsnorm widerspreche.

Lehne meinte, er spreche sich zwar für die Signalwirkung des Abs 1 aus, wäre aber doch für die Aufnahme des Zusatzes „in folgender Weise“ in Abs 1. Er glaube, daß sonst eine unmittelbare Gewährleistung ableitbar wäre. Man müsse jedenfalls so ehrlich sein und festhalten, daß es sich nicht um einen subjektiv durchsetzbaren Anspruch handle.

Martinek meinte, es gebe im internationalen Bereich auch Regelungen, die von einer Zielsetzung Abstand nehmen. Die Verfasser des ursprünglichen Formulierungsvorschlages seien aber davon ausgegangen, daß eine Zielsetzung gegeben sein müsse. Allerdings solle der Einzelne ein Arbeitsverhältnis frei eingehen können, schlechter wäre es jedenfalls, wenn eine Arbeitsverpflichtung bestehe. Was das Recht auf Beschäftigung betreffe, so sehe er bei der von Klecatsky vorgenommenen Auslegung für die Zukunft fast unüberwindliche Schwierigkeiten.

Auf den Einwand von Klecatsky, die Nichtberücksichtigung des Rechtes auf Beschäftigung würde einen Rückschritt darstellen, meinte Floretta, man müsse sich aber auch an der internationalen Wirtschaft orientieren und z.B. für mögliche Kurzarbeit oder vorgesehenen Lohnausgleich Möglichkeiten offen halten. Nach der von Klecatsky vertretenen Auffassung wäre jedenfalls schon das Vorsehen einer kürzeren Arbeitszeit eine Einschränkung der persönlichen Freiheit.

Rosenzweig erklärte, er habe sich bemüht, einer dem Stand der Diskussion und der vertretenen Meinungen entsprechende gemeinsame Formulierung Rechnung zu tragen. Was den von Klecatsky aufgeworfenen Gedanken betreffe, so teile er die von Floretta dagegen vorgebrachten Bedenken. Als bisheriges Zwischenergebnis kann folgender Formulierungsvorschlag festgehalten werden:

Recht auf Arbeit

Abs 1 Das Recht auf Arbeit als Mittel zur Sicherung des Lebensunterhaltes und der Entfaltung der menschlichen Persönlichkeit ist den Staatsbürgern gewährleistet.

Abs 2 Gesetzgebung und Vollziehung sind verpflichtet, durch eine Politik der Vollbeschäftigung, durch Arbeitsvermittlung, Berufsberatung, Berufsausbildung, berufliche Wiedereingliederung und sonstige Einrichtungen und Maßnahmen dafür zu sorgen, daß allen arbeitsuchenden Staatsbürgern zumutbare Arbeitsgelegenheiten zu angemessenen Bedingungen durch frei einzugehende Arbeitsverhältnisse zur Verfügung stehen.

Abs 3 Soweit solche Arbeitsgelegenheiten (Arbeitswilligen und Arbeitsfähigen) nicht zur Verfügung stehen, haben die Betroffenen Anspruch auf angemessenen Unterhalt für sich und ihre Familie. Durch eine Arbeitslosenversicherung ist zur Beschaffung der hiefür erforderlichen Mittel beizutragen."

Den nächsten Diskussionsgegenstand bildete der von Walter vorgelegte Formulierungsvorschlag. Zunächst meinte Walter, er habe diesen Vorschlag aufgrund der Ergebnisse der gestrigen Diskussion erstellt. Er habe den Abs 1 im wesentlichen übernommen, im Abs 2 als Ersatzrecht den Anspruch auf notwendigen Unterhalt formuliert und keinen Ausführungsvorbehalt für den einfachen Gesetzgeber vorgesehen, weil dieser Anspruch unmittelbar auf der Verfassung beruhen solle. Falls der Gesetzgeber dies nicht ausführe, so könnte eine Durchsetzung im Wege des Art 137 B-VG erfolgen. Den Abs 3 habe er bisher nicht formuliert, weil darüber noch Diskussionen stattfinden müßten.

Dazu meinte Rosenzweig, die Formulierung „haben dafür zu sorgen" stelle einen Programmsatz, aber keine Verpflichtung des Gesetzgebers dar. Im Gegensatz zu seinem Vorschlag habe Walter im Abs 2 vom notwendigen, und nicht vom angemessenen Unterhalt gesprochen. Die Entscheidung, welcher Formulierung der Vorzug zu geben sei, läge bei den Politikern; er jedenfalls trete für die Gewährleistung des angemessenen Unterhaltes ein.

Floretta meinte, die Formulierung „Programm der Vollbeschäftigungspolitik" drücke im wesentlichen das aus, was in dem von Martinek, Öhlinger und ihm formulierten Vorschlag in Abs 2 enthalten gewesen sei. Ein wesentlicher Unterschied bestehe noch in der Formulierung „angemessener oder notwendiger Unterhalt".

Darauf entgegnete Walter, er glaube, Floretta sehe das Problem im Hinblick auf das Rechtsschutzsystem. Wenn nämlich bei Erlassung eines entsprechenden Gesetzes auf das Programm der Vollbeschäftigung nicht Rücksicht genommen würde, so könnte doch eine

Anfechtung durch eine Landesregierung erfolgen mit der Begründung, das angefochtene Gesetz entspreche nicht dem Programm der Vollbeschäftigungspolitik. Dann müsse der Verfassungsgerichtshof das Gesetz unter diesem Gesichtspunkt prüfen.

Darauf erwiderte Rosenzweig, das Gebot an den Gesetzgeber bedeute nicht, daß der Verfassungsgerichtshof Negativa schaffen kann. Der Verfassungsgerichtshof könnte dann nur aussprechen, daß ein Exzess vorliegt.

Walter meinte dazu, man solle bei den sozialen Grundrechten Abstand davon nehmen, daß alles durchsetzbar sei. Er habe jedenfalls einen Programmsatz formulieren wollen. Der – von ihm nicht vertretenen – Meinung, daß bei der Anfechtung eines Bescheides mit der Begründung, daß die dem Bescheid zugrunde liegende Norm verfassungswidrig sei, auch nicht verfassungsgesetzlich gewährleistete Rechte verletzt sein könnten, müßte man auch hier Rechnung tragen.

Darauf erwiderte Klecatsky, genau die von Walter angeschnittene Konsequenz sei es, die ihn dazu bringe, dem Vorschlag von Rosenzweig zuzustimmen. Er sehe keine substantiellen Unterschiede, ob nun ein Wirtschaftsgesetz oder ein anderes Gesetz angefochten werde. Schließlich verstehe der einfache Staatsbürger auch von anderen Gesetzen genau so viel oder wenig wie von einem Wirtschaftsgesetz.

Rosenzweig meinte, es wäre nicht sehr zweckmäßig, kein subjektives Recht zu schaffen, wenn man gegen den säumigen Gesetzgeber nichts unternehmen könne. Deshalb habe man ja den Weg gewählt, daß anstelle der Naturalerfüllung des Rechtes auf Arbeit die Entschädigungsleistung tritt. Wenn der Gesetzgeber nichts mache, könne auch der Verfassungsgerichtshof – ausgenommen man sehe eine entsprechende Verfassungsänderung vor – nicht den Gesetzgeber spielen. Eine dem deutschen Bundesverfassungsgerichtsgesetz entsprechende Regelung sei nicht vorgesehen und es bestehe auch nicht die Wahrscheinlichkeit, daß eine Änderung in dieser

Form erfolge. Ein Gesetz könne daher zum Programm der Vollbeschäftigungspolitik nur dann im Widerspruch stehen, wenn es eine positive Formulierung enthalte. Man könne aber möglicherweise mit der Judikatur betreffend den Exzess des Gesetzgebers Abhilfe schaffen.

Zusammenfassend meinte der Vorsitzende, es sei zweckmäßig, bezüglich des Rechtes auf Arbeit zwei Formulierungen vorzuschlagen, nämlich

1. die von [Walter] aufgrund des von Floretta-Martinek-Öhlinger erstellten Formulierungsvorschlages erstellte Variante:

Recht auf Arbeit

Abs 1 Gesetzgebung und Vollziehung sollen dafür sorgen, daß jeder Staatsbürger durch frei einzugehende Arbeitsverhältnisse seine Persönlichkeit entfalten und seinen Lebensunterhalt verdienen kann (Programm der Vollbeschäftigungspolitik)

Abs 2 Soweit zumutbare Arbeitsgelegenheiten nicht zur Verfügung stehen, hat der Einzelne Anspruch auf notwendigen Unterhalt für sich und seine Familie.

Abs 3 Gesetze im Sinne des Abs 1 sollen Arbeitsvermittlung, Berufsberatung, Berufsausbildung, berufliche Wiedereingliederung und sonstige einschlägige Einrichtungen [und] Ansprüche für den Einzelnen festlegen.

2. die von [Rosenzweig] ebenfalls aufgrund der zitierten Formulierungsvorschläge erstellte Variante:

Recht auf Arbeit

Abs 1 Das Recht auf Arbeit als Mittel zur Sicherung des Lebensunterhaltes und der Entfaltung der menschlichen Persönlichkeit ist den Staatsbürgern gewährleistet.

Abs 2 Gesetzgebung und Vollziehung sind verpflichtet, durch eine Politik der Vollbeschäftigung, durch Arbeitsvermittlung,

Berufsberatung, Berufsausbildung, berufliche Wiedereingliederung und sonstige Einrichtungen und Maßnahmen dafür so [zu] sorgen, daß allen Arbeitsuchenden Arbeitsverhältnisse zur Verfügung stehen.

Abs 3 Soweit solche Arbeitsgelegenheiten (Arbeitswilligen und Arbeitsfähigen) nicht zur Verfügung stehen, haben die Betroffenen Anspruch auf angemessenen Unterhalt für sich und ihre Familie. Durch eine Arbeitslosenversicherung ist zur Beschaffung der hierfür erforderlichen Mittel beizutragen.

[…]

Anlage zum Protokoll über die 36. und 37. Sitzung des Redaktionskomitees für die Neuordnung der Grund- und Freiheitsrechte 18./19. Oktober 1979 – Hans Floretta, Oswin Martinek und Theo Öhlinger: Formulierungsvorschläge zum „Recht auf Arbeit"

Recht auf Arbeit

Das Expertenkollegium hat dieses Thema in der 75. Sitzung (25.10.1972), S. 2-66 behandelt. Damit zusammen hängt das Verbot der unangemessenen Inanspruchnahme einer Arbeitskraft, die Rechte auf bezahlten Urlaub, gerechte Arbeitsbedingungen, angemessenes Arbeitsentgelt, die Verbote von Kinderarbeit und der Verwendung von Jugendlichen und Frauen zu unangemessenen Arbeiten, die in der 75. (25.10.1972), der 76. (16.11.1972), der 77. (18.1.1973) und der 78. Sitzung (16.2.1973) vom Expertenkollegium erörtert wurden.

Das vorliegende Arbeitspapier beschränkt sich vorerst jedoch auf das „Recht der Arbeit" im engeren Sinn. Allgemeine Überlegungen zu sozialen Grundrechten, in denen immer wieder auch auf ein „Recht auf Arbeit" Bezug genommen wurde, erfolgten in der 3. Sitzung des Expertenkollegiums am 26.3.1965 [*jetzt veröffentlicht in „Österreichische Grundrechtsreform", hrg. von Hans R. Klecatsky – Peter Goller und Gerhard Oberkofler, Frankfurt 2003, Seite 114-132, aber auch zuvor 98-110. – Anm. der Hrg.*] und in der 74. Sitzung am 22.9.1972 (S. 106-134).

In der Diskussion des Expertenkollegiums wurden folgende Modelle einer verfassungsrechtlichen Verankerung des Rechts auf Arbeit vorgeschlagen:

1. Eine Beschränkung auf eine Sozialstaatsklausel ähnlich dem Bonner Grundgesetz. (Neisser)
2. In Verbindung mit einer Verankerung von Staatszielen eine Garantie subjektiver Rechte des Einzelmenschen, die durch die einfache Gesetzgebung näher auszugestalten wären. Auf Verfas-

sungsstufe selbst wäre ein subjektives Recht auf Hilfe im Fall der Arbeitslosigkeit zu verankern. (Klecatsky)

3. Ein Programmsatz, der zu einer Vollbeschäftigungspolitik – unter Annahme eines frei eingehbaren Arbeitsverhältnisses – verpflichte und die Bedeutung eines Auslegungsgrundsatzes habe, sowie eine Einrichtungsgarantie der gesetzlichen Institutionen, die der Verwirklichung dieses Zieles dienen. (Floretta)

4. Anerkennung der Arbeit als Mittel zur Entfaltung der menschlichen Persönlichkeit als Brücke zu den „klassischen" Grundrechten, sowie eine Verpflichtung der Gesetzgebung zur Schaffung bestimmter, der Realisierung dieses Grundsatzes dienender Einrichtungen. (Loebenstein)

5. Eine zu einer „Kompetenz" verdichtete und justitiable Staatszielbestimmung, die weder bei den Kompetenzartikeln, noch bei den Grundrechten anzusiedeln sei. (Walter)

Der folgende Formulierungsvorschlag versucht, diese unterschiedlichen, sich aber z.T. überschneidenden Modelle soweit als möglich zu kombinieren.

Über die Diskussion des Expertenkollegiums hinaus wurde insbes. auch auf Art 6 des UN-Paktes über wirtschaftliche, soziale und kulturelle Rechte Bedacht genommen.

Das Expertenkollegium hat in der Sitzung am 25.10.1972 auch Modelle des Rechtsschutzes diskutiert. Vorgeschlagen wurde eine Säumnisbeschwerde an den VfGH (Kaltenberger); Ein Recht des VfGH, das Gesetzgebungsorgan bei Säumigkeit und nach Fristsetzung aufzulösen (Adamovich) oder ein Klagerecht nach Art 137 B-VG (Klecatsky). Da aber die Seite des Rechtsschutzes für die sozialen Grundrechte von allgemeiner Bedeutung, systematisch in anderem Zusammenhang zu lösen und von der Formulierung des materiellen Grundrechtes abhängig ist, wurde vorerst auf Formulierungsvorschläge verzichtet.

Recht auf Arbeit

1. Gesetze und sonstige Maßnahmen sollen jedem Staatsbürger die Möglichkeit geben, durch frei einzugehende Arbeitsverträge seine Persönlichkeit zu entfalten und seinen Lebensunterhalt zu verdienen.

2. Dieses Recht ist insbesondere durch gesetzliche Einrichtungen im Bereich der Arbeitsverwaltung und der Berufsausbildung zu verwirklichen. Soweit zumutbare Arbeitsgelegenheiten nicht zur Verfügung stehen, ist für einen angemessenen Unterhalt der Betroffenen und ihrer Familien durch gesetzliche Maßnahmen Sorge zu tragen.

3. Gesetze im Sinne der Abs 1 und 2 haben die Arbeitsvermittlung, Berufsberatung, Berufsausbildung, berufliche Wiedereingliederung und sonstige einschlägige Einrichtungen einschließlich der Arbeitslosenversicherung zu regeln und Ansprüche für den einzelnen festzulegen.

Zu Abs 1 und Abs 2 würde ich [*sic!*] folgende Alternativvorschläge machen:

(1) Die Arbeit als Mittel der Entfaltung der menschlichen Persönlichkeit steht unter dem besonderen Schutz des Gesetzes. Gesetzgebung und Vollziehung haben dafür zu sorgen, daß jeder Staatsbürger durch frei einzugehende Arbeitsverträge seinen Lebensunterhalt verdienen kann.

(2) Soweit zumutbare Arbeitsgelegenheiten nicht zu Verfügung stehen, ist für einen angemessenen Unterhalt der Betroffenen und ihrer Familien Sorge zu tragen.

Im Abs 1 wird versucht, den Gedanken eines verfassungsrechtlichen Grundrechts auf Arbeit aus einem Werturteil über die Arbeit als Mittel zur Entfaltung freier menschlicher Persönlichkeit verbunden mit einer sozialpolitischen Zielsetzung als Grundlage für einen Auftrag des Verfassungsgesetzgebers an den einfachen Gesetzgeber zu konzipieren (Floretta, Loebenstein, diesen zustimmend Kaltenberger, Kobzina, Lehne, Lora, Mark). Die Verwirklichung dieser Ziele ist auf Staatsbürger bezogen. Das Recht auf Arbeit kann in einer freiheitlichen Demokratie nur im Rahmen der Garantie frei eingehbarer Arbeitsverhältnisse gewährleistet werden (so Floretta). Insoweit hat der Formulierungsvorschlag den Versuch unternommen, den Modellvorschlägen der Herren Floretta und Loebenstein zu entsprechen.

Der Abs 2 enthält den Verfassungsauftrag an den einfachen Gesetzgeber, durch legistische Maßnahmen in für die Beschaffung und Sicherung von Arbeitsplätzen bedeutsamen Bereichen und auf dem Gebiet der Berufsausbildung tätig zu werden. Weiters sieht diese Bestimmung ein Auffangrecht vor, wenn diese Maßnahmen nicht ausreichen, um zumutbare Arbeitsgelegenheiten in einem genügenden Ausmaß zur Verfügung zu stellen. (so die Herren Floretta und Mark)

Die Bestimmung des Abs 3 konkretisiert den in Abs 2 festgelegten Verfassungsauftrag und hebt jene Einrichtungen hervor, die schon derzeit zur Verwirklichung der in Abs 1 zum Ausdruck gebrachten sozialpolitischen Zielsetzung beitragen. Es sind dies die Arbeitsvermittlung, Berufsberatung, berufliche Wiedereingliederung und die Berufsausbildung. Über einen numerus clausus der zu regelnden Bereiche wurde in der Kommission nicht gesprochen; doch sollte eine dynamische Entwicklung nicht ausgeschlossen werden. Schließlich wird der Gesetzgeber verpflichtet, in den von ihm zu erlassenden Gesetzen dem einzelnen erzwingbare Rechtsansprüche einzuräumen (Klecatsky, Floretta, Kobzina, Lehne, Lora, Mark, Walter. In dieser Richtung gehen auch Loebenstein und Kaltenberger).

Kolibri 360 GmbH
Ferdinand-Jühlke-Straße 7
99095 Erfurt, Deutschland
produktsicherheit@kolibri360.de

Druck:
CPI Druckdienstleistungen GmbH
im Auftrag der
Kolibri 360 GmbH
Ferdinand-Jühlke-Str. 7
99095 Erfurt